上海教育丛书
SHANGHAIJIAOYUCONGSHU

荷花池里的生命色彩

Hehua Chi Li De Shengming Secai

宋青◎著

上海教育出版社
SHANGHAI EDUCATIONAL
PUBLISHING HOUSE

图书在版编目（CIP）数据

荷花池里的生命色彩 / 宋青著. — 上海：上海教育
出版社，2022.11
（上海教育丛书）
ISBN 978-7-5720-1781-0

Ⅰ.①荷… Ⅱ.①宋… Ⅲ.①学前教育－艺术教育
Ⅳ.①G613.5

中国版本图书馆CIP数据核字(2022)第222602号

责任编辑　时　莉　管　倚
封面设计　赖玟伊

上海教育丛书
荷花池里的生命色彩
宋　青　著

出版发行　上海教育出版社有限公司
官　　网　www.seph.com.cn
地　　址　上海市闵行区号景路159弄C座
邮　　编　201101
印　　刷　上海展强印刷有限公司
开　　本　700×1000　1/16　印张 15　插页 2
字　　数　230 千字
版　　次　2022年12月第1版
印　　次　2022年12月第1次印刷
书　　号　ISBN 978-7-5720-1781-0/G·1626
定　　价　50.00 元

如发现质量问题，读者可向本社调换　电话：021-64373213

《上海教育丛书》历届编委会

总　序

　　建设一流城市，需要一流教育。办好教育，最根本的是要建设好教师队伍和学校管理干部队伍。

　　在长期的教育实践中，上海市涌现了一大批长期耕耘在教育第一线呕心沥血、努力探索，积累了丰富经验的优秀教师；涌现了一批领导学校卓有成效，有思想、有作为的优秀教育管理工作者。广大优秀教育工作者教育教学和管理工作的经验，凝聚着他们辛勤劳动的心血乃至毕生精力。为了帮助他们在立业、立德的基础上立言，确立他们的学术地位，使他们的经验能成为社会的共同财富，1994年上海市领导决定，委托教育部门负责整理这些经验。为此，上海市教育局、上海市中小学幼儿教师奖励基金会组织成立《上海教育丛书》编辑委员会，并由吕型伟同志任主编，自当年起出版《上海教育丛书》(以下称《丛书》)。1995年上海市教育委员会成立后，要求继续做好《丛书》的编辑出版工作。2008年初，经上海市教育委员会领导同意，调整和充实了《丛书》编委会，并确定夏秀蓉同志任执行主编，协助主编工作。2014年底，经上海市教育委员会领导同意，调整和充实了《丛书》编委会，确定尹后庆同志担任主编。至2022年3月，先后共编辑出版《丛书》139册。《丛书》的内容涵盖了基础教育和中等职业教育的各个方面，包含有较高理论水平和学术价值的著作，涉及中小学教育、学前教育、师范教育、职业教育、校外教育和特殊教育，以及学校的领导管理与团队工作，还有弘扬祖国优秀文化、促进国际教育交流等方面的著作，体现了上海市中小学教育改革与发展的轨迹，体现了上海市中小学教育办学的水平与质量，体现了优秀教师和教育工作者的先进教育思想与丰富的实践经验。《丛书》出版后，受到广大教师、教育工作者及社会的欢迎。

为进一步搞好《丛书》的出版、宣传和推广工作，对今后继续出版的《丛书》，我们将结合上海教育进入优质均衡、转型发展新时期的特点，更加注重反映教育改革前沿的生动实践，更加注重典型性、实用性和可读性。希望《丛书》反映的教育思想、理念和观点能起到抛砖引玉的作用，引发大家的思考、议论和争鸣；更希望在超前理念、先进思想的统领下创造出的扎实行动和鲜活经验，能引领当前的教育教学改革工作，使《丛书》成为记录上海教育改革历程和成果的历史篇章，成为广大教师和教育工作者的良师益友。限于我们的认识和水平，《丛书》会有疏漏和不尽如人意之处，诚恳地希望广大读者提出宝贵意见，帮助我们共同把《丛书》编好。

《上海教育丛书》编委会

2022 年 3 月

序

　　上海有一所幼儿园，名字充满诗意，声誉远播，办园风格彰显着艺术特色，这所幼儿园就是上海市黄浦区荷花池幼儿园，大家喜欢亲切地叫她"荷幼"。荷幼坐落在南市老城厢，由于历史的原因，这里场地有限，但是在荷幼的院子里真的有荷花的池塘，有五彩的艺术空间，更有雀跃的生命和童声的欢呼。公办示范幼儿园荷幼自1958年办园至今已逾六十年，留下了几代人奋力拼搏的身影，积淀了普惠大众的优质幼儿教育的经验，深受周边民众的欢迎。俗话说"三岁看老"，一个人日后会表现出各种不同的样态，一部分是由于知识学习带来的变化，还有一部分是由于从小养成的学习、生活习惯带来的差异。幼儿时期是一个人形成教养的重要阶段，人在这个阶段学会吃饭、睡觉、走路、说话、个人生活护理等许多必要的基本生活技能，这些能力会影响人的一生。从这样的意义上来说，怎么强调幼儿教育的重要性都不为过。很欣慰，荷幼不仅始终以幼儿生命教育为根本，注重幼儿生命的全面成长，并且将幼儿生命教育融入艺术教育之中，在生命教育中让幼儿感受到生活中的美好，在熏陶幼儿艺术感知能力的过程中培养和提高幼儿的生活能力，这便是宋青园长在《荷花池里的生命色彩》一书中强调的教育观点。可以这么说，荷幼以艺术教育的经验形式为幼儿生命成长提供了有效的示范；把幼儿生命教育的落脚点分解到生活、活动的细节中，不断提升幼儿教养水平。这可以说是荷幼的核心经验。

　　"幼儿是天生的艺术家"，幼儿热烈奔放，纯粹天真，无拘无束，这些都是艺术家的禀赋，他们未必能够像成年期的艺术家那样用唯美的形式表现世界，却绝不妨碍他们以纯净的眼光看待周围的世界，以天真无邪的语言叙述自己的世界，以热烈奔放的色彩描绘生活的世界。而幼儿的看、幼儿的说、幼儿的画，都是幼儿的生活，是幼儿生命的具体形态。

荷幼不仅坚信幼儿是天生的艺术家，幼儿是有能力的学习者，还提出"环境有艺术风格、校园有艺术气氛、教师有艺术才能、幼儿有艺术情趣"的办园目标，注重幼儿自身对艺术的感受，把握幼儿艺术教育中"体验与创造"的核心，积极培养幼儿的想象、创造、观察、审美等能力，致力于探寻艺术教育的价值，构建艺术课程。本书通过四大板块十三个话题，集中反映了荷幼近二十年来抓住艺术的审美本质，围绕幼儿艺术教育所进行的有益探索，以提高幼儿艺术情趣为目标，探索新的课程形态，并且于 2005 年在国内率先开创了幼儿园小社团艺术活动课程，通过幼儿自选小社团艺术活动，不断帮助幼儿学会独立表达、自主表现，改变了幼儿艺术教育中偏重技能学习的倾向，不断引导教师在课程实施中追求师幼互动的视界融合，从而不断促进幼儿生命的成长，不断提升教师的专业能力。

本书用清新的文字、生动的案例、精彩的故事，呈现出具有荷幼特色的园所文化课程体系、富有想象和创造的艺术环境和有爱的艺术氛围。荷花池里的那一汪碧水，润物细无声地滴灌在幼儿的生命之中，使幼儿绽放出自己的生命色彩。在与生命中的美好相遇的那一刻，幼儿的脸上绽放出了五彩的光、灿烂的笑。哲人梭罗（Thoreau）在《种子的信仰》一书中把好学校比喻成"一方池塘"，每个孩子在其中如鱼得水，自由自在。让艺术回归儿童的本真，让生命绽放艺术的活力，荷花池里充满了生命的色彩。

2022 年 10 月

目 录

扫码观看配套
精彩视频

1

听，荷花池中的晨曲

嗨，你见过早晨的荷花池幼儿园（以下简称"荷幼"）吗？

清晨，当第一缕阳光照射到荷花池畔，池塘里的小金鱼欢快地游了起来，荷叶上的露珠"叮咚，叮咚"有节奏地向荷塘里跳，鸟儿在一边不时"叽叽喳喳"地欢唱着。

幼儿们正踏着轻快的脚步走在幼儿园里，耳边回荡着荷幼的园歌：

莲池清清碧水透，

绿树成荫笑声留。

小荷才露尖尖角，

早有蜻蜓立上头。

……

喔，原来荷花池里荡漾着生命的色彩。且听：

中班马老师：

早晨，幼儿们热情洋溢的问候是温暖的那波利黄；

阳光下，幼儿们在操场上欢乐的笑声是醉人的勃艮第红；

生日时，幼儿们互换的礼物是友爱的琥珀色。

可以见证这些涌动着生命色彩的每一天，对我来说，都是幸福的。在这许许多多的生命色彩中，有一抹独特的克莱因蓝，始终让我心醉。

中班许老师：

如果你问我，幼儿的生命颜色是什么？我会回答，是金色。金色是色谱中令人愉快的颜色，有谁看到幼儿们的笑脸不会会心一笑呢？金色是光明和希望的象征，代表敏捷的思维和迸发的想象力。

中班徐老师：

当幼儿第一次走进幼儿园，他们那么单纯，如同一张白纸，干净得没有一丝痕迹。在这里，他们会见到陪伴他们三年的老师、伙伴，给他们的生命带去一抹温暖的红色；他们会接触自然与生灵，给他们的生命带去一抹清新的绿色；他们会在游戏的世界里自我探索，给他们的生命带去一抹活力的黄色……现在，这张白纸有了色彩，变得不再单调。

小班曹老师：

每个幼儿都是独一无二的，他们身上散发着独特的生命色彩，有红色、蓝色、白色、黄色、橙色、黑色、紫色……每种生命的颜色就像不同的性格，其实，很难用一种色彩来形容幼儿，因为他们的生命本来就是多姿多彩、五颜六色的。

小班陈老师：

色与色的叠加与融合，让每种色彩的出现都成为了一种可能，你会发现，水是其中不可或缺的催化剂。幼儿的生命色彩也融合了像水一样透明纯粹的催化剂——家人的爱、老师的爱、朋友的爱，让生命色彩像彩虹一样绚丽多彩。

小班董老师：

我觉得，幼儿的艺术生命色彩是像彩色玻璃糖纸一样五彩缤纷的，就像不同的光线照耀在糖纸上，反射出的颜色也会不一样，幼儿们的艺术生命色彩受到不同环境的影响，也会展现出不同的光芒。

小班汪老师：

每个幼儿来到荷幼这个大家庭时，都带有来自自己家庭的颜色，有性格开朗、活泼好动的"橙色"幼儿，有安静内敛的"蓝色"幼儿，有懵懵懂懂的"白色"幼儿，也有可爱的"粉色"幼儿。

"世界因为生命而有色彩，生命因为感动而有灵性。"善于观察，教师就能发现幼儿的色彩就在身边，随处可见：

自由奔放的红色，

忧郁的蓝色，

活力四射的橙色，

圣洁优雅的白色，

……

交织成绚丽的色彩盛宴。

那就让我们一起走进荷幼吧。

第一讲
幼儿是天生的艺术家

丰子恺先生认为，小孩子是天生的艺术家，他们有敏感、丰富、真挚的感情，往往能注意大人们所不能注意的事，发现大人们所不能发现的点，感知敏锐，富有独特的、创意的、自由的思想与表现。

第一话 艺术教育是幼儿教育的生命色彩

一、教育，把幼儿带向远方

德国哲学家康德（I.Kant）说，人是唯一需要教育的动物，其他动物都只需要抚养。教育的话题不断进化，对于"什么是好的教育"，我们很难用一两句话来周全地回答。

哇，蜻蜓在亲亲我

（一）丰富而美好的世界

在"什么才是未来教育的要领"论坛上，学者们谈论到，有活力的教育就在于把每个人的创造性结合起来，让每个人成为更好的自己，做到充分尊重每个人的内在能力，这是好的教育的重要标志。

1. 发现：在好奇中获得成长

好奇心是幼儿天生的本能，"人的影子为什么一会儿长，一会儿短？""为什么血液是红色的，血管却是蓝色的？""人为什么要长头发？"……如果幼儿探索好奇的天性能不断地被激发出来，这便为我们的教育注入了活力。

大三班问题走廊"身体的秘密"

德国哲学家雅斯贝斯（K.Jaspers）认为，"对儿童来说，最重要的不是掌握科学，而是以直观的图片和形象来充实他们的精神世界……教育过程首先是一个精神成长过程，然后才成为科学获知过程的一部分"。在儿童的成长中，有许多的"哇时刻"，那是他们在好奇中产生的精彩发现。

"哇时刻"出现在观看神舟飞船升空后的赞叹与探索中。

体验飞船升空

"哇时刻"出现在春风吹过，树叶与花朵拂过幼儿们喜悦的脸庞上时。

拾落叶　　　　　　　　　　　　　找春天

"哇时刻"出现在多彩颜料迸发的瞬间。

让多彩颜料迸发

2. 表达：幼儿的百种方式

让每个人成为更好的自己，那是对自我独特表达的一种尊重。如果你问幼儿在幼儿园最喜欢玩什么？他们绝大多数的人会回答："游戏！"他们总感觉游戏的时间太短了，尽管这场游戏已经超过了一个小时。游戏分享时，他们也总感觉意犹未尽，于是会将一些有趣的游戏瞬间画下来。

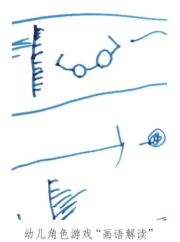

麦麦说："这幅画是今天玩的游戏。"

爸爸问："这根长长的像毛肚一样的是什么？你们在吃火锅吗？"

麦麦说："这是跟我一起玩的老季（小朋友的名字）呀，因为他是我们班最高的小朋友，所以我画了一把尺子。"

妈妈："那戴眼镜的就是豆豆了？"

麦麦说："对的。"

幼儿角色游戏"画语解读"

我的牙齿秘密不止这些……

我给妈妈准备的小惊喜

（二）赋予意义，滋养生命

在一定程度上可以说，艺术教育就是情感教育、生命教育，艺术欣赏就是走进情感、触碰生命。艺术教育将抽象的意义赋予了一种可观、可闻、可听、可触摸的外在形式，帮助幼儿理解世界、感受生活。

1. 感受：艺术就在身边

春天的花草，天上的流云，艺术就在自然界中；书里的美丽画面，传入耳中的欢快节拍，画作中的色彩冲击，艺术融入生活中。

你看，我是正在森林中漫步的小动物

你闻，深秋的桂花多香呀　　　　　　　你听，中秋节的月亮会唱歌

　　美国美学家苏珊·朗格（Susanne K.Langer）主张，"艺术是人类情感符号的创造，艺术表现的是一种艺术家所认识到的人类普遍情感，一种关于情感的概念"。幼儿的情感是延续的，他们看过的画、听过的音乐、讲过的故事，融合着情感体验进入到记忆深处，不断蕴化，变成一种深层的体验，成为他们终身的内驱力，让生活充满创造与洞见。

2. 欣赏：走进艺术世界

　　艺术欣赏就是幼儿与艺术作品相互作用的过程，是幼儿积极主动地建构意义、创造意义的过程。

　　幼儿们看到毕加索（Picasso）90岁的自画像时，产生了下面的讨论：

"他的脸好像一块石头。"

"他好像有些不开心。"

"他的脸色令人感到害怕。"

毕加索90岁的自画像　　　　　我的自画像

在艺术欣赏中，幼儿经常将自己的感觉、情感、想象、理解投射到作品中，与作品进行平等的心灵对话，生成合情又合理的意义世界。在艺术创作中，幼儿常常赋予事物以生命，我们经常看到幼儿画的太阳、花朵、树木都是和人一样有眼睛、有嘴巴的，表现出较为明显的拟人化倾向。在艺术活动中，幼儿能够和卡通熊、小玩偶一起舞蹈、歌唱，和它们做朋友。

3. 创造：小蜗牛的家

艺术的核心在于"创造"，幼儿艺术教育的重要价值正是挖掘并促进幼儿创造力的发展，让他们把对生命的热爱与感受表现出来。

操场上，藏在小角落里的蜗牛也能引发幼儿们的驻足："我们应该给它造一个新家吧，住在哪里好呢？""住进小小的瓶子里吧，省时、方便。""不能住在瓶子里，会很闷的。""用树叶吧。"幼儿们看到了一旁的树叶突发灵感，于是他们捡拾树叶、装饰树叶，给蜗牛造了一座漂亮的小房子，然后把蜗牛轻轻地放进搭建好的绿色树叶房子里。这时候，小蜗牛也伸出了它的触角，仿佛在对小朋友说"谢谢你们"。

幼儿艺术教育不仅是幼儿获取艺术知识和技能的过程，也是情感发展的过程，更是幼儿感受生命、关爱生命、表现生命的过程。在艺术活动中，幼儿可以通过探索获得丰富多彩的关于生命的体验，其生命被滋养，生活得以丰富。"与其说艺术影响了生命的存在，倒不如说它影响了生命的质量，无论如何，这种影响是深邃的。"

幼儿不仅在艺术教育过程中表达与创造意义，而且还乐于与教师、同伴等交流、分享意义。通过与他人的交流与对话，其意义世界被不断注入新鲜的营养，不断得到丰富和发展。

4. 意义：绿眼睛的人

幼儿对意义的创造过程，是他们运用想象力表达自我的过程。他们从生活中捕捉灵感，把想象和现实融合在一起；他们的思维自由生长，从感知的原点出发，将自己独特的发现表达出来。加达默尔（Gadamer）认为，艺术作品的真正本质如同游戏的真正本质一样，都是自我表现。幼儿在艺术中寻找自我，感受存在，并与世界相联系。

　　一次，一个幼儿画起了绿眼睛的人，大大小小，铺满了画面。教师走近他问："可以讲讲你画了什么吗？""噢，我画的是绿眼睛的渔夫，我想他一定是被一道光击中了，才会变成绿眼睛的。"

　　可见，艺术教育与幼儿的生活、经验、意义世界紧密相连，使幼儿在生活中体验艺术、感受生活、把握世界、理解他人。在艺术教育过程中，只有表达意义、建构意义、分享意义，才能让幼儿感受到艺术的意义、世界的意义、生存的意义。

二、艺术，是最好的答案

　　要怎样把幼儿最终带向我们的理想之地？艺术回答了"最好的自己是怎样的"。

（一）赤子之心：向真，向善，向美

　　幼儿期是生命的起点，其生命的健康成长描绘着一生的底色。无论是艺术教育，还是科学教育、道德教育，其目标都是求真、趋善、向美。人类的生存、绵延与发展离不开对真、善、美的追求。所以，自生命起点的孩童期，我们就要将真、善、美植入幼儿生命的底色。

　　幼儿本就有纯真的心灵、炽热美好的情感。无论是西方的艺术大师毕加索、马蒂斯（Matisse）、米罗（Miró），抑或是东方的艺术大师齐白石，他们终其一生追寻的都是一种返璞归真的自然状态，他们都希望回到纯真的孩童时期，像孩子一样自由、真实地表达自己的情感，用富有想象力的艺术语言，表达内心的纯粹和真挚。

　　赤子之心是幼儿本来的心，不经世间造作，是一种天真烂漫的真心。我们常常能看到他们快乐兴奋地笑着、闹着，把愉快的跳动变为舞蹈，使发之于情感

的、不完美的声音连成曲调，用诗一般的语言去描述他们所感知的世界。所以，幼儿对真、善、美的追求是生命的原始冲动，通过艺术的形式表现着这份真实的情感。

1. 向真：艺术中对"真"的虚拟与再现

给太阳画上万丈光芒

对天文学家来说，太阳是一个巨大的星球，而在小小艺术家们的笔下，太阳是光明，是火炬，是一切欢乐的象征。这是艺术所追求的"真"，多么诗性！

2. 向善：通过艺术让"善"始终扎根于心底

艺术作品唤醒着我们对当下生活与过往历史的回忆，以耀眼夺目的方式见证历史。当教师和幼儿们一起欣赏艺术家蔡国强先生在庞贝古城创作的视频时，有幼儿说道："维苏威火山爆发以后，庞贝古城里的人都死了，他们一定很痛，他们的亲人一定非常非常伤心。"

在幼儿的生命里，"向善"的种子经由艺术的浇灌，会在他们的基因里坚定地生长。正如蔡国强先生所说："艺术史，无论东西方，都是自己的'基因'，这对于创造一种崭新的艺术——为了现在甚至未来的整个人类，甚或外星人，相比都有所助益。"

3. 向美：艺术能调动幼儿感受与传递美的能力

操场上铺着白色的长卷，幼儿们在用树叶创作秋叶画。随便找一片树叶，幼儿们都可以发现它们的对称美："每一片树叶的左右两边都一样。""我用绿色印树叶的这一半，另一半边我用咖啡色，合在一起既有春天，又有秋天。"

美感的发生有赖于感官。幼儿们靠眼睛感受形象的美，靠耳朵感受音乐的美。当感官的感受使心灵愉悦，幼儿们便感觉到了美。小女孩无论今天穿了什么衣服来幼儿园，哪怕是穿了一件很久的旧衣服，也会问教师和同伴："你看我今天美吗？这是我妈妈给我穿的衣服，是公主的衣服。"

我有一双发现美的眼睛

在成长的过程中，怒放的情感难免被压抑，人生也免不了遭遇苦闷与不畅快。但是，艺术是一种让自己快乐的方式，艺术恰恰为人类开辟了发泄苦闷的乐园。当生命融入了艺术，无论在什么情况下，我们都能在艺术的天地里保持内心的安定与富足。

（二）成为有创造力的人，对外界保持好奇与热情

纪录片《他乡的童年》播出后，周轶君常常被问到一个问题："你走过了这么多国家，请问哪里有最好的学校？"她认为，我们无法去到所谓最好的学校，所谓的"好"和"对"没有绝对，都需要放到不同社会环境中，结合不同的孩子情况

去度量。孩子们需要面对的是不可知、说变就变的未来，而未来需要的是跨学科、复合型、有创造力的人。

诗人和美术家与常人不同，你见不到的东西他能见到，你闻不到的东西他能闻到。艺术教育重在培养幼儿敏锐的感受力和感知万物变化的热情，进而帮助幼儿萌发个性化的创造力。

幼儿习惯于通过感官来学习。一方面，眼里见到的色彩，耳中听见的声音，是感受；另一方面，见到颜色并且感知到美，听见声音并且感受到悦耳动听，也是感受。幼儿的审美能力不同，所发现的美也不同。

例如，幼儿们在观察豌豆种子的生长图时，一开始只发现了豌豆从破土到生长再到丰收的过程。当我们播放德沃夏克（Dvořák）的《幽默曲》后，幼儿们感受到豆子先在土壤里滚啊滚，在土里钻呀钻，接着小苗苗尖尖头钻了出来……

随着音乐的渐强，辅以种子破土的动画，幼儿们说道："豌豆种子吸收了土里的养分，在土里慢慢长大。""一开始很小很小，钻不出来，然后一点点鼓起来了。""是胀了起来。"……

音乐越来越激烈，教师问："豆苗在生长的过程中遇到了什么呢？"幼儿们纷纷回答道："有人摘它。""下大雨了，是暴风雨。""马上就要被风吹断了。"音乐回到了舒缓的节奏，幼儿们感受到风雨过后，小小的豆苗继续生长，长出豆角，慢慢成熟。

跟随着音乐，幼儿们用动作

小豆子成长记

去表现种子的生长姿态：或舒展，或紧缩，或笔直不动，或摇摆不定。幼儿们的表情更是多种多样：种子破土之前，有的紧蹙眉头，有的一脸喜悦；遇到暴风雨，有的咬紧牙关，有的略带惊恐。

再如，面对同一幅画，不同的人往往有着不同的见解，艺术没有唯一的正确答案。去触摸艺术，一起探讨，听听幼儿们的想法，更能激发幼儿的想象力。

"雪景一定是白色的吗，如果你来画雪，你会用什么颜色？"

"有粉色、紫色的，还有金黄色的，因为太阳照在雪上，就有了不一样的颜色。"

"寒冷的冬天里，我们喜欢吃什么、玩什么，路上的树和花有什么不一样？"

"冬天啊，就是要吃热乎乎的烤串、烤肉。"

"冬天啊，就是树上的叶子都掉光了。"

演奏《新年好》，庆祝新年

做烟花，过新年

打扮新年树和花

荷花池里的生命色彩

　　《傅雷家书》中记载了傅雷与儿子书信往来的内容，父子二人谈艺术、谈文学、谈音乐，从古希腊雕塑聊到敦煌壁画，傅雷还推荐儿子去巴黎应该参观哪些博物馆。在荷幼，教师和幼儿走进各种艺术馆、博物馆，在欣赏各种艺术品中，他们了解了不同国家、不同文化的精髓；在艺术中浸润的他们能用一双慧眼去看待这个世界，将自我的想法用艺术的方式表达出来，创造力的提升水到渠成。

第二话　以艺术教育打造幼儿生命的底色

一、打开五感，艺术地生活

眼睛、耳朵、皮肤、鼻子、嘴巴等是感知世界的器官，通过这些器官，人类形成了视觉、听觉、触觉、嗅觉、味觉。

（一）幼儿生命成长的艺术解读

1. 艺术，像呼吸一样自由

在幼儿的眼里，宇宙中的万事万物都是有生命、有感情的。在整个童年时期，艺术表现是幼儿对生命和对自然自发的、直接的、感性的感知和体验。

闻一闻花香

春天到了，幼儿们在春日的暖阳里玩耍。

看到了色彩：

"快来看呀，花朵真美呀，我最喜欢粉色和紫色的。"

"我们把这个粉色的装在盒子里做外卖。"

闻见了味道：

"闻起来也很香！"

"跟妈妈的香水味道不一样。"

摸到了质地：

"小草摸起来软软的。"

"有些小草会扎手心。"

不少画家谈到，当他们画画出现瓶颈时，就会去听听音乐，随后灵感便如同音符一般

摸一摸秋天的叶子

自然流淌出来，因为感官被打开后，自己的状态就不一样了。

许多孕妈妈都有这样的感觉，播放莫扎特（Mozart）的音乐给胎儿听，大部分的胎儿都有安静、稳定、轻松的反应；相反，如果换成贝多芬（Beethoven）的交响曲，胎儿的心跳频次及踢妈妈肚子的次数就会增加。可见，未出生的胎儿在母体中就会对音乐产生不同的感受力。

"红红的番茄，甜甜酸酸；绿绿的青菜，多有精神；苗条的小黄瓜，清脆可口；哎呀，咔嚓咔嚓，进了嘴巴……"幼儿们摇晃着小脑袋，哼唱着欢乐的《蔬菜进行曲》。每次合唱的时候，教师总能看到幼儿们脸上洋溢着的美好笑容。这就是音乐的力量吧！（"亲子音乐游戏'蔬菜进行曲'"数字资源请扫本书二维码）

2. 五感，启发艺术本能

到了 3 岁，随着词汇量的增加，幼儿探索的欲望越来越强。五官是他们建立起对世界的初步认识的重要通道。通过五官获取的信息形成五感，包括可以观察到的形象及造型等的视感；辨别声音高低等的听感；感触到滑涩、软硬等的触感；闻到香臭等的嗅感；尝到酸甜苦辣等的味感。

从新生儿开始，婴幼儿就在用触摸的方式感知世界。手是他们的另一只"眼睛"，通过触摸这种方式传递给大脑获取的信息。

音乐触摸墙：摸一摸，小乐器来歌唱

拍拍互动音乐墙，这是托班宝宝的最爱！音乐墙上有各种乐器，只要轻拍、轻按，就能让乐器发出各种声音。教师利用这面墙壁，鼓励幼儿跳起来拍到墙上的乐器，让乐器发出好听的声音。当听到乐器发出的声音，他们会"咯咯咯"地笑个不停……

气味是幼儿生活中必不可少的一部分，通过嗅觉感知，幼儿会对事物有了更广阔的联想。当闻到腥咸的气味时，幼儿会联想到去海边嬉戏玩耍的场景；当闻到水蜜桃的香甜时，幼儿就会想到去果园里摘桃子的快乐。

例如，正值端午，做香包、挂艾草的传统习俗是祛病防虫的好方法。当幼儿们闻香包的时候，他们说："这个香包怎么闻起来臭臭的？""这样蚊子就不会过来咬你啦！"原来，端午节是在每年蚊子特别多的夏天。

再如，小班的开学大活动，我们把酸甜多汁、圆圆清香的水果和各种入园适应主题结合起来。

你也来闻一闻吧

（二）去看，去听，去触摸

生命的底色不仅关乎内心，也由内而外，关系到人与空间、人与人的交流交互。幼儿从家庭中来到幼儿园、学校，最终将走向社会，成长为社会中的一员。"教育是为未来生活做准备。"从通过艺术教育发展幼儿的社会交往能力，到通过艺术教育培养影响幼儿终身发展的学习品质，都是为了给幼儿搭建一个与同伴交往、与事物共情的场域。在这个场域中，幼儿体验着山川河流的自然景观、路桥屋塔的人造景物，也体验着与同伴、成人自在的交往过程。

清新雅致、富有童趣的盥洗室帮助幼儿逐渐养成良好的卫生习惯；匹配传统节气的食育文化让幼儿在美食中感受中国饮食文化给人带来的美味与舒心。每学期开学，幼儿们共同参与到幼儿园一步一景的环境创设中，亲手装扮美丽的校园。

1. 这里色彩缤纷

拾级而上，"舞林大会"小社团的展示区里，你能通过纸伞、面具猜一猜幼儿们跳过哪些舞吗？

"巧手制作""浪漫花艺"小社团里，有幼儿做的各种海洋动物与花朵，还有泥巴的故事和色彩创造的魔力等你去发现。

"梦幻剧场"小社团里有幼儿们表演过的剧本，它稚拙却充满童真。

再放眼看看幼儿们的画作，翻一翻功夫小子们的武功秘籍。

当你低头看到投射下来的金话筒标志时，不要忘记扫一扫旁边的二维码，听一场"Q版德云社"的相声，从摄影作品里看一看幼儿的视界。

最后，五彩玻璃瓶和彩色手铃会带你走进"叮咚乐坊"小社团的厨房小乐队，不要错过小乐手们的演奏哦。

色彩缤纷的"玩色天地"

荷幼的各个角落色彩缤纷，有时是"小社团故事展"，把幼儿在小社团里的时光化为有色彩的记忆；有时是"我眼中的大师作品展"，创造出属于幼儿自己的闪光作品；有时是"四季色彩展"，把幼儿口中四季的光景用不同的颜色组合成几隅布景。

刚来到幼儿园的幼儿们对幼儿园的一切感到陌生，所以在创设班级环境时，我们会用安静的蓝色搭配温暖的黄色制作签名墙，这样既能缓和幼儿的情绪，又能让幼儿感到温暖。另外，形象的小火车设计很快吸引了幼儿们的注意，幼儿们

我眼中的大师作品

每天来园后，可以将自己的自画像贴到小火车上，这样可以让幼儿们拥有满满的归属感。

幼儿们对涂涂画画有着很大的乐趣，他们的想象力十分丰富，在感受色彩方面有自己的主见，喜欢欣赏各种温暖、明亮的颜色。

"今天我们来为小企鹅做一份好吃的刨冰吧！"幼儿们一下就兴奋了起来："我要给它做一份五颜六色的刨冰！""我也是！"超轻黏土、蜡笔、水彩棒、彩色手工纸……一切彩色的材料都化身幼儿们艺术创作的工具。幼儿们利用这些工具制作出色彩斑斓的刨冰。

色彩斑斓的刨冰

2. 哪儿香喷喷

"今天吃什么呀，好香啊！"

"一定是馄饨！"

"我怎么闻到的是卤肉饭的味道。"

"难道……今天吃自助餐？"

午餐时飘散出的饭菜香味，洗手时泡泡洗手液的香味，烘焙室刚烤好的饼干和面包的香味，运动时小花园里花朵的香味……荷幼里有着各种香喷喷的味道。

"我最喜欢去烘焙室做饼干了，黄油的味道香香甜甜的。"

"我每天都想要吃香香的饭菜，这是我最期待的。"

"我的小手是香喷喷的，这是泡泡洗手液的味道。"

这些香喷喷的味道激发了幼儿们对幼儿园的依恋和喜爱之情。

香香烘培室

闻一闻这道美味

　　新洗过的手帕上的香味，晾在太阳下衣服上的阳光味，擦过香香的小手上的甜味，妈妈炒菜时辣椒的辣味，被汗水浸湿的衣服上的汗酸味……生活中的各种味道都可以让幼儿去闻一闻，认识各种气味，提高他们嗅觉的敏感性。

3. 音乐能看见

洗脸刷牙的声音，走路的脚步声，水龙头"哗哗哗"流水的声音，都是幼儿初步接触音乐的重要资源。无论操场上，还是活动室、餐厅、卧室……都会响起各种乐曲，或欢快地告诉幼儿们一天开始了，或悠扬地向幼儿们预告午餐时间到了，或轻轻地提醒幼儿们该午睡了……音乐成为幼儿园生活的一部分。在音乐的陪伴下长大的幼儿总是会多一份别样的欢乐与自信。

音乐的旋律就像交织在一起的流动色彩和纹理，可以被看见和被感受。康定斯基（Kandinsky）说："伟大的造型艺术作品是交响乐。"比如他的代表作《构成第8号》，暖调背景中尽是斑斓的色彩与复杂的结构，几何形状与点、线、面的穿插交错，使整个画面呈现出十分活跃与跳动的气势，如一支华丽的交响乐一般振奋人心。

奇趣蛋做的沙沙球，吸管做的吹箫，木盒制成的简易古筝……生活中的各种物品都能发出有趣的声音。幼儿们把他们生活中常见的物品制作成各种各样的乐器。仔细看，我们布置在墙上的乐器是不是和康定斯基的构图有异曲同工之妙呢？

布置在墙上的乐器

音乐源自生活，幼儿音乐能力的发展来源于对生活中各种声音的感知与表现。音乐使用的要素是节奏、旋律、音色、和声、音调、力度等等，通过无形的声响造型，形象地体现出上下、前后、远近等空间感。视觉艺术主要用形、色、点、线、面、体等造型手段，在空间中组合成一种特定的结构位置。

　　"今天老师有一支魔法笔，能把我们听到的声音都画出来，你们想来试试吗？"在"好听的声音"活动中，幼儿们一起画下了公园里"哗啦啦"的流水声、"呼呼"的风声，"叽叽喳喳"的鸟叫声。在他们的笔下，流水声可以是直直的，像瀑布；也可以是绕着弯的，蜿蜒地流淌着；甚至是细长形的、不规则的……

流水的声音

4. 尽情地涂鸦

　　在自由涂鸦时，幼儿们会自觉地去感受色彩的关系、点线面的关系、空间的关系、结构秩序的关系等等，而这些感受会被运用到之后的绘画、设计以及各种各样的生活场景中。

　　直线与直角、三原色和三非色、有限的图案与抽象的画风相结合，有趣的格子画在幼儿们的手中变幻无穷，衣服上、袜子上、手袋上都出现了蒙德里安（Mondrian）色系的格子画。

　　"阳光照在彩色的玻璃格子上面，就像是彩色的世界呢！"从窗口，幼儿们感受着彩色玻璃纸下的阳光。

　　"我画的衣服上可不是方方的格子哦！"他们变换着格子的形状，以格子画为基础，绘出了自己的艺术风格。

　　在阳光的照射下，墙上的大格子映衬着幼儿们的艺术作品，色彩交相辉映，散发着不一样的光芒，想必这就是幼儿眼中的色彩世界吧！

蒙德里安风格主题环创

　　每次走过这一面面涂鸦墙，我们看到的是幼儿自发地自由绘画，用诗一般的语言去描述他们所感知的世界。他们的每幅作品、每句话语都是心灵世界的真实流露，表达出自己的认识、想象、愿望和情感。

"我的画不是去临摹生活，而是去创造生活。"大师凯斯·哈林（Keith Haring）的作品《奇奇怪怪的人》深受幼儿们的喜爱。

"你看我的小人，他正在山坡上面伸懒腰呢！"

"我的黄色小人正乘坐着热气球去外太空冒险。"

幼儿们创作出的一个个可爱的、五颜六色的小人造型迥异、姿势各样，这是属于他们色彩斑斓的世界。

创意小人

伟大的画家毕加索曾说过，"我能用很短的时间，就画得像一位大师；却要用一生的时间，去学习像孩子那样画画"。幼儿们的想法、思考未加雕琢，呈现出一种自然而然的美。

5. 爱吃的小嘴巴

在荷幼，"吃"是件大事儿，通过"吃"，不仅让幼儿们分辨出不同的味道，也借食育人，让幼儿学会饮水思源。

"你们知道食物是从哪里来的吗？"

爱吃的小嘴巴

"是农民伯伯种出来的。"

"怎么种呢？要种多久才能长出来呀？"

大多数幼儿摇了摇头。

听完故事《大米怎么种出来的？》，幼儿们终于知道了大米的生长过程，也懂得了食物的来之不易。

"我学会了自己盛菜！我爱吃，再来一勺。"

"大口大口吃，这道菜真香呀！"

"这些菜可好吃了，你也快来尝尝吧。"

爱惜粮食，我要吃光光

一起动手做沙拉

每月的自助餐日，由幼儿们自主安排进餐环境，自主挑选食物，在丰富的美食前、在宽松的氛围下有序取用，吃多少盛多少，避免挑食，拒绝浪费。

香喷喷的自助餐

我们在巡视午餐中发现，有些宝宝一看见某些食物就皱起眉头说："这个我在家从来不吃的，这我不要吃⋯⋯"营养摄入不平衡、不全面会对幼儿的身体、智力发育造成不良影响。为了让幼儿快乐地接受每种食物，达到均衡营养的目的，荷幼从食材的制作上着手，将幼儿不喜欢吃的胡萝卜切成小碎末，和牛肉、洋葱一起做成可口的馒头，小巧玲珑的花色面点巧妙地将胡萝卜隐藏起来，香喷喷的牛肉让人食欲大增；或者将几种食材组合在一起，如将胡萝卜和荸荠、葡萄干、冰糖混在一起煮成一款春季保健水，能增强幼儿的抵抗力，而且口味佳，易于被幼儿接受。

"哇，这些菜的颜色真好看。"

"你尝尝，这道菜酸酸甜甜的，可美味了！"

"原来，我不爱吃的青菜也能变得这么好吃。"

通过红的、黄的、绿的、紫的等不同颜色的搭配，大大增强了幼儿的食欲。

创意摆盘

二、趣味童心，用艺术画像

丰子恺提出童心本质的含义，一是审美无功利的绝缘观，二是同情观，也就是对生命的尊重和热爱。幼儿所描绘的世界是最本真的，幼儿的泛灵论也是纯真童心的表现。在丰子恺的眼中，幼儿的生命本质就是艺术的，有纯真的审美和对生命的热爱。

（一）健康自信，热爱生命

幼儿的心灵是无杂尘的，也正因此，幼儿才能处处发现丰富的趣味。艺术可以调节情绪，审美体验的过程有助于培育良好的性情。通过生活中声音、动作、色彩这些有趣的艺术元素，幼儿获得了轻松愉悦的情绪情感、积极健康的心理状态。

1. 歌唱使我快乐

早上的自主游戏时间，来园早的小泽一边用扭扭棒在厨房里煮面条，一边唱着拼音歌。拼音歌唱了两遍后，小泽又把辅音字母编进了《新年好》的歌曲旋律中，一边烹饪着美味，一边编唱着有趣的歌曲，心情无比愉悦，等待着伙伴们的到来。

我歌唱，我快乐

幼儿们的歌声听起来是那么嘹亮，他们的歌声里藏着属于自己的童年，藏着质朴的童心，我们常常听见幼儿哼着歌曲自娱自乐。

莹莹正要把娃娃的衣服挂起来，她唱道："我又不会挂衣服喽。"接着，她在教室里蹦蹦跳跳，一边跑着来到教室门口，一边唱道："不会挂衣服，扔到地板上喽，我要出发喽，我要出发喽，哪里哪里好呀，哪里哪里好。"对莹莹来说，遇到点小问题也不是什么难事，唱上几句，一切迎刃而解，衣服竟挂好了。

2. 音乐是我的语言

当我们无法用言语来表达时，艺术成了一个窗口，成了生活中的必需。当幼儿的歌声和音乐融为一体，舞蹈和节奏融为一体，美术作品与绝佳的构图色彩融为一体，那么他们此时就感受到无比的快乐幸福。

小宇是一位确诊为有语音障碍的小女孩，日常生活中，她除了要小便时说"嗯嗯"外，其他的话都不会说，只能用表情和动作来表达需求。她的舌系带很短，虽然已经在医院做了修复手术，但发音还是不清楚，"老师"总是被说成"老斯"，同伴们善意的微笑都让她越来越不愿意开口。但是小宇很喜欢唱歌，听到歌曲的时候会咿呀地唱起来。于是，小宇加入了"欢唱派对"小社团，在音乐小社团里，她可以尽情地表达自己。

还记得第一次小社团活动，刚进入小社团的她一个人坐在一旁不愿意参加活动。我知道她特别迷恋火车模型，于是把练声环节设计成了"火车过山洞"情境，帮助她练习"嘟""呜""叭"的发音。当火车过山洞的音乐响起后，在一旁的她跟着音乐把椅子摆成了火车的样子。我问她："你要来当火车司机跟我们一起唱吗？"她立马搬起椅子来到活动室的中央，又把椅子整齐地摆成了火车，摆完再数了数人数，确认"车厢"数量足够以后，她在火车头的位置坐下来，听着音乐加上"嘟——嘟——嘟嘟嘟——"的节奏，带着大家一起唱起来。虽然唱歌词的时候，她咬字还不太清晰，但有了旋律的修饰，以及愉悦情绪的加持，小宇不再害怕开口，越来越大胆自信了。

3. 捕捉时间的颜色

在幼儿眼里，世界是五颜六色的，他们会用各种各样的颜色来涂染作品，表达自己的所知所感。

"夏天是绿的，因为艾叶是绿的，西瓜也是绿的。"

"不，是红的、黄的。"

"颜色深浅是不一样的。"

"还有可能是热的、冰的、方的、圆的……"

原来，季节的色彩还可以具象为温度与形状。

如果一个幼儿能够对美有各种敏锐的感觉，那么他就有能力建立一个快乐并且富足的内心世界，这种能力足以抵抗外部世界的各种烦扰和压力。

记忆中的秋天

"你最喜欢秋天的什么？"

"不如我们先从身边寻找秋天吧！"

幼儿们带着发现美的眼睛，高高兴兴地出发啦！他们三五成群画下自己找到的秋天，我把大家找到的秋天贴在教室门前的一面墙上。还有的幼儿趁着周末继续寻找，带回一本本秋天的小书。大家自由翻阅着自己和朋友们寻找的秋天，渐渐地，他们发现了秋天里许多好玩的事，如不同色彩的树叶，操场上的小虫子，不知名称的果实。

我终于找到秋天啦

（二）热烈奔放，纯真和谐

当我们把生活中的一些事情升华到真、善、美的境界时，这些事情就变成了艺术化的过程与状态，如种菜会成为农艺，做饭会成为厨艺，就连玩泥巴也会升华成各种陶艺。

1. 专注的小画家

我经常发现，"我不会""我没有想好"是许多内向的幼儿时常挂在嘴边的。每当我们有一些涂鸦、记录的亲子小任务时，第二天也总会收到由家长代为完成的作品。然而，在幼儿园里的每次创作活动中，我们都能捕捉到他们认真、专注的身影。其实，他们需要的是反复的肯定与鼓励和一段不被打扰的时间。创作的时候，他们看起来安静内向，内心却自由奔放、充满阳光。

专注的小画家

2. 发现不同的日常

"在这里画画真不错，我发现了一些有趣的树，还有好看的花。"

我问："这是一个蓝色的太阳吗？"

洋洋说："这是凉凉的太阳，树下面不热，太阳就变蓝色了。"

"所以小花也是淡淡的蓝色？"我又问道。

"也有蓝色的小花，就在那边，蓝色的太阳和蓝色的花在一起。"

阳光甚好的公园里，幼儿们坐在草坪上开始涂抹，慢吞吞地走在石板路上的老人，匆匆经过的小狗，很老的古树，都是小朋友眼中富有乐趣的对象。幼儿一笔一画涂抹天空，一点一点画叶子，看见不同的日常，发现身边的世界。

你看，我的波波球与众不同

3. 看到空白之处

中国有着丰富的美术作品，绚丽的远古壁画、精彩的手工艺品、雄伟的雕塑等等。我们经常会和幼儿一起观赏大师的艺术作品，从中体会画面与色彩的和谐，感受艺术家运用笔、墨、颜料等材料，通过点、线、面等美术语言描绘出的山川河流、花草虫鱼等等。

荷幼里有许多关于荷花的作品，幼儿们时时驻足欣赏，通过层层递进的赏析，观察水墨画主次分明及留白的独特构图方式，体会虚实相生的意蕴。在多次的创作中，幼儿学会了观察场景中的疏与密，行笔时注意曲直虚实变化。知白守黑、追求和谐的东方哲学为幼儿提供了一种理解世界的方式，塑造着独特的艺术气质。

快看，国画中美丽的荷花池

第三话 回归儿童本真的艺术教育

一、荷幼艺术教育的发展

虽然人人都有亲近美的天性，但是要把这种天性化为生活中的日常习惯，并不是每个人都拥有的能力。回首我们的艺术教育旅程，正是在不断探索中让幼儿艺术的本质得到更大程度的体现，使其自由地表达自己的意向，自主地获得让自己幸福的能力。

（一）"一期课改"——应势而出的"三朵金花"

1981年,《幼儿园教育纲要（试行草案）》（以下称为《纲要》）中将学前教育内容分为了"生活卫生习惯、体育活动、思想品德、语言、常识、计算、音乐、美术"等，继续采用分科教学的形式。虽然《纲要》强调要通过"游戏、体育活动、上课、观察、劳动、娱乐及日常生活"等实现教育目标，然而在实践中，上课几乎成为主要甚至唯一的组织形式。音乐课、美术课成为幼儿艺术教育教学的主要组织形式，灌输式为主的艺术教学缺少师幼互动。

随着对外开放的进一步加强，国外的艺术教育理论、艺术教育信息不断地涌入国门，借着"大师们的肩膀"，我们获取养分，汲取力量，重新探索，沉寂了多年的

南瓜的"新衣裳"

学前艺术教育理论和各地的幼儿艺术教育工作实践随着幼儿教育工作者的探索蓬勃展开,学前艺术教育实践获得前所未有的发展。

荷幼的教师基于自身的艺术特长积极参与到幼儿艺术研究成果的学习中,结合艺术教学实践进行反思。我们一直在思考:幼儿艺术教育的价值是什么?

幼儿艺术教育的特点是感性教育,其目标主要是通过幼儿自主体验来实现的。灌输式为主的艺术教育会影响幼儿感知的敏锐和深化,从而让幼儿的情感和想象难以丰富。而幼儿艺术教育的价值在于丰富幼儿的生活。由此,我们认为,艺术教育的内容都应该来源于幼儿的生活与经验,尊重幼儿的需要和兴趣,让艺术回归幼儿的生活。

在此思考下,荷幼形成了"文学""音乐""美工"艺术课程这"三朵金花"。在语言活动中,增加文学欣赏和创造性讲述;音乐活动强调感觉和表现以及活动材料的设计;美工活动突出民间工艺活动,并向家庭教育延伸。在实践中,通过组建文学、音乐、美工三类艺术小组,为有不同艺术兴趣的幼儿提供多种参与艺术活动的机会,让幼儿自主探索与发现,为幼儿自由表达和创造创设条件。

（二）"二期课改"——顺势提出"整合与自主"的课程理念

随着上海市"二期课改"的到来,我们将艺术教育纳入到园本化课程开发的范畴中,尝试打破分科课程模式,探索在分科课程的基础上进行整合。荷幼拓展了艺术教育的内涵和外延,把艺术教育与促进幼儿和谐发展紧密联系在一起,把艺术教育与幼儿终身发展紧密联系在一起,提出了"整合自主"的园本课程的理念。"整合"是指幼儿园在实施艺术教育时,以艺术为媒介,进行目标的整合、内容的整合以及方法、形式、手段、资源的整合。"自主"是幼儿根据自己的需要,通过看、想、做,自觉主动地去感知周围世界,积极尝试用音乐、文学、美工等多种渠道,大胆表达自己的思想、情感。整合与自主的艺术教育强调以幼儿为主体,鼓励幼儿用各种方法去自我感知、发现,用他们喜欢的方式探索周围事物,积极主动表达自己的思想、情感。

我的鲜花被冻起来啦，它永远不会凋零了

荷幼以上海市学前教育"二期课改"课程为基础课程，凸显艺术教育的整合性。在具体实施中，荷幼将艺术活动置于主题活动的大框架下，充分挖掘艺术内涵，为幼儿提供充分的机会去体验主动学习和探索的过程，强调幼儿在主动参与、探究发现与合作交流中，通过问题探讨、资料收集、亲自操作、情感体验、社会实践等活动，提高幼儿的艺术素养。

（三）社会之变革与艺术教育的转型

20世纪90年代末以来，信息化、网络化、全球化、国际化、学习社会、多元文化等时代特点构成了学前教育变革的复杂多元的社会情境。全球化为幼儿园艺术教育带来了多元文化语境，正是有了各种文化艺术的差异，才会有整个文化的丰富多彩。多种文化艺术都应该有表达的机会,而幼儿应该有了解和学习多种文化艺术的权利。进入 21 世纪后,随着美育地位的确立以及基础教育改革等一系列举措的出台,美育在学校教育中的地位不断得到提高,艺术教育受到前所未有的重视。

1. 渗透共融成为艺术教育的选择

2004 年,担任荷幼园长的宋青坚持以"继承中求改革,发展中求创新"的办园精神,将艺术教育作为幼儿全面发展的重要手段,抓住艺术的审美本质,以提高幼儿艺术情趣为目标。这是对艺术教育发展方向的突破,摆脱了艺术教育往往偏重于技能技巧的思想束缚。

在这一阶段,荷幼将幼儿园艺术教育的价值取向明确定位为丰富幼儿的感性经验,激发幼儿敢于表现美、创造美,关注艺术的渗透共融,提升课程内在品质,初步形成了"艺术渗透,领域共融"的课程理念。荷幼以艺术为抓手,实现艺术领域内部和其他领域间彼此渗透共融,形成了艺术教育的独特风格。

2. 创新探索促进艺术教育转型

（1）主题背景下的艺术教育

主题背景下的艺术课程以实现幼儿在身体、认知、情感、个性、社会性等全面和谐发展为目标,关注幼儿在艺术学习过程中的自主建构。

从艺术教育的组织实施来看,荷幼在基础性课程的实施中,注重渗透艺术特色的复合型课程,以幼儿体验、探究为先,关注幼儿的主动性。

（2）艺术活动形式的创新探索

2005 年,荷幼在全国范围内首次提出小社团艺术活动形式并进行系统研究,并提出以幼儿兴趣为基础、艺术体验为手段、综合能力培养为取向的混龄艺术活动模式。12 个不同形态的小社团满足了幼儿主动参与和合作互助的需求,为幼儿营造出另一个更开放、更自由的艺术延伸天地,对培养幼儿良好的学习品质有着独特价值。

二、课程领导力视角下艺术教育的创生

（一）课程领导力视角的本质是什么

幼儿园课程领导力是园长、教师等课程领导者构建课程领导共同体，相互影响并形成的合力，是在逐步形成和全面落实幼儿园课程愿景和目标的过程中主动思考与开展课程实践，发现和解决课程问题，推动幼儿园课程不断优化的力量。荷幼对课程领导力的把握主要凸显在以下三点。

1. 课程领导者合力构建

荷幼的园长、教师等课程领导者构成了课程领导共同体。在这个共同体中，园长是关键人物，而每位教师构成了共同体的基础。同时，这个共同体不是一群人的简单集合和相加，而是拥有共同的课程愿景和课程目标的战斗集体。

"共同的课程愿景和课程目标是什么？""如何才能达成？""如何判断是否达成？"这些问题是课程领导力的主体所必须面对的问题，也是后续需要深入探讨的重要内容。

2. 课程领导力不能脱离课程实践

在逐步形成和全面落实幼儿园的课程愿景和目标过程中，我们发现，主动开展课程实践才能凸显幼儿园课程领导力，没有脱离和超越课程实践的纯粹的课程领导力。幼儿园课程的规划、设计和发展，幼儿园具体教育活动的选取与改造等，都不能脱离教师课程实践和幼儿在各类活动中真实的表现。

3. 课程领导力走上"视界融合"之路

幼儿园课程领导力的主体是以园长为核心、以教师为基础的幼儿园课程研究与实践共同体，他们专注于发现、分析、解决幼儿园课程相关问题，形成和落实幼儿园课程愿景和目标，目的是推动幼儿园课程的优化，最终促进幼儿的发展。

2015 年，上海市第二轮课程领导力的行动研究提出"视界，我与孩子共可能"的理念，凸显共生取向，丰富了幼儿艺术教育的内涵价值。

（二）"视界融合"对艺术教育的影响

1. 艺术教育的综合性发展

基于"视界融合"的理念，荷幼将音乐、美术、表演、游戏、语言等多种艺术形式进行有机联系和相互补充，以提高幼儿的艺术探索、艺术创造、艺术欣赏表达等综合能力，促进幼儿全面和谐的发展。同时，荷幼探索将艺术教育与其他领域的教育内容进行有机渗透和相互融通，给幼儿提供广阔的人文知识背景，并实现幼儿艺术学习与真实生活之间建立联系。

比如，在"咔嚓拍拍拍"小社团中，小团员们在活动中感受到了光与影的美；在"我是小演员"小社团中，幼儿选择了好玩、可操作性强的皮影戏作为活动内容之一；在"想说就说"小社团中，幼儿表演德云社的相声，将传统文化自然融入到艺术教育中。

2. "共可能"理念下的师幼关系

荷幼对艺术教育自主性、多样性、互动性和情景性的追求，使得艺术教育的活动过程更凸显了师幼共同探索、共同学习和相互作用的关系，教师更需要学会倾听、观察，理解幼儿的兴趣、爱好和需要，引导、支持幼儿的学习方式和特点，推动幼儿按他们自己的逻辑方式进行有意义的探索，开发满足幼儿多种需求的课程。

快乐的小农夫

3. 艺术教育的低结构性

低结构性是小社团艺术活动的本质。在有限的计划性、充分的生成性和临场的真实性相互作用下形成了低结构而不是无结构的教育活动，很好地回应了幼儿艺术教育中绕不开的难题：如何解决艺术技能获得和幼儿自主性发展的关系？

艺术教育的低结构性具体体现在三个方面：（1）在活动目标上，小社团艺术活动强调幼儿的艺术审美体验及学习品质的获得；（2）在活动结构上，摒弃对材料的新颖性、技能技法的独特性等外在形式的过分重视，而应重视对艺术本身的审美体验；（3）在幼儿学习方式上，小社团艺术活动中的学习属于非正式学习。

三、借"历史"之光，照亮前行的路

几十年来，荷幼的艺术教育始终伴随着园本化课程建设的进程，以"健康快乐，潜能发展，未来幸福"为价值追求，逐步形成了一种富有荷幼艺术教育特色的课程文化。

（一）积流成河，是荷幼艺术教育的"求索之道"

优质幼儿园课程的形成不是一蹴而就的，优秀的艺术教育也是需要一代又一代的幼儿园建设者共同开拓与创造。荷幼课程在历史变迁过程中积淀价值理念，不断创新探索，积流成河，实现不断建构与超越。

（二）显隐相生，是变革创新文化的"核心产能"

"显"是指处于幼儿园课程文化最外层的象征性活动，包括课程实施中的各种活动、制度、环境等。"隐"是指导幼儿园课程文化内核式的东西，如课程理念、核心价值观、幼儿发展目标等。"显"和"隐"互动与相生的过程是变革创新文化的"核心产能"。

（三）教师队伍，是荷幼艺术教育的"灵魂推手"

人是文化的产物，是文化的创造者，但也为文化所创造。这隐含着"文化本身是一种教育力量"。幼儿园艺术教育是为了满足幼儿园主体的需要而逐步形成发展起来的，要为幼儿园师幼服务。教师需要用反思与批判精神来推动幼儿园课程的发展，用坚定的价值导向来指引教育的生成。

像花儿一样绽放

回首来时的路，我们从未停止过对艺术的实践与探索。不同时期，荷幼的艺术教育有不同的使命与担当，也会遇到不同的挑战与困惑，但追求卓越，敢于突破和创新，这是我们心底唯一不变的诉求。只有踏踏实实走好每一步，才对得起自己的良心，也将会继续照亮前行的路。

第二讲
拾花而行的课程时光

　　不管是穿过层层山峦，还是历经风雨洗涤，就这样一路走来，一路探寻，我们对于课程探索的步伐从未停歇……请跟随时光轴，走进我们的课程实践之旅。

第四话　探索：荷幼课程图景

从南浦大桥下，到瞿溪路上，荷幼总有那一池碧水，荷莲亭亭，碧叶翠盖，花朵清丽，清香沁人。这一池碧水中孕育的，是荷幼的别样风光。

一、荷幼课程的前世今生

20 世纪八九十年代，荷幼便确立了艺术教育目标，即环境有艺术风格，校园有艺术气氛，教师有艺术才能，幼儿有艺术情趣。上海市"二期课改"后，荷幼搭建了基础性课程—特色课程—选择性课程"三位一体"的课程框架。经过课程领导力项目的引领，荷幼踏上了师幼共生的"视界融合"之路。荷幼以幼儿教育的现实需求为出发点，以幼儿园教师为主体，谱写出了一张不断发展、极具生命力、富有艺术特色的课程蓝图。

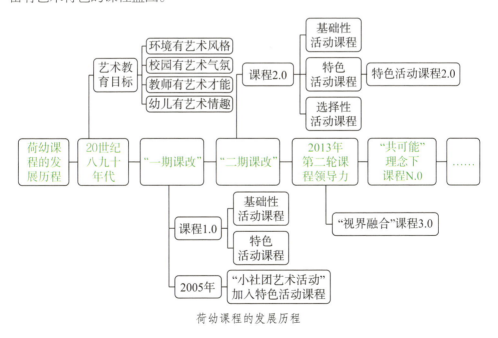

荷幼课程的发展历程

（一）课程 1.0——园本课程开发热潮下的初探

作为上海市"一期课改"和"二期课改"的基地园，荷幼努力开发富有艺术特色的、与社区文化相适应的园本课程。

在"整合与自主"艺术教育理念下，以上海市"二期课改"主题活动的要求为依据，荷幼打破分科教学设置，注重幼儿多种经验的感知与获得，将艺术活动置于主题活动的大框架下，以主题活动的形式开展，充分挖掘基础课程中的艺术内涵，通过问题探讨、资料收集、动手操作、情感体验、社会实践等活动形式，提高幼儿的艺术素养。

在课程改革的实践中，荷幼形成了以基础性活动课程与特色活动课程为主体的园本课程 1.0。基础性活动课程内容以学习、生活、运动、游戏为主，特色活动课程以小社团艺术活动和荷花文化艺术月活动为主。同时，在 2005 年，小社团艺术活动作为一种打破整合艺术、主题艺术固有形式的新颖活动样态，以艺术实践先行者的姿态在荷幼得到了两年的实践探索后，正式进入到特色活动课程中。

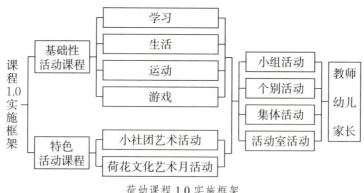

荷幼课程 1.0 实施框架

早期，特级教师邵黎柳园长开创了以音乐、文学、美工"三朵金花"为特色的艺术教育，形成了独特的教育思想和操作方法。以此为发展蓝图，荷幼将艺术教育与新的课改理念相融合，创立了幼儿园小社团艺术活动。小社团艺术活动打破班与班的界限，以混龄、混班的方式开展，体现幼儿在活动中的主体性。语言表演类小社团凸显文学欣赏、创造性讲述和故事表演；音乐类小社团强调感觉和表

现、音乐活动的材料设计；美术类小社团突出作品欣赏与民间工艺活动。小社团
艺术活动像一颗闪亮的明珠照耀了幼儿童年生活。

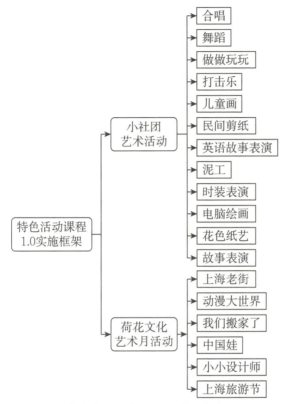

荷幼特色活动课程 1.0 实施框架

小社团艺术活动 1.0

（二）课程 2.0——渐趋稳定的课程结构

2009 年，荷幼成为了上海市"二期课改"的实验基地园，以"二期课改"精神为指导，关注艺术的渗透共融，提升课程内在的品质，形成了以"艺术渗透，领域共融"为理念的课程 2.0。

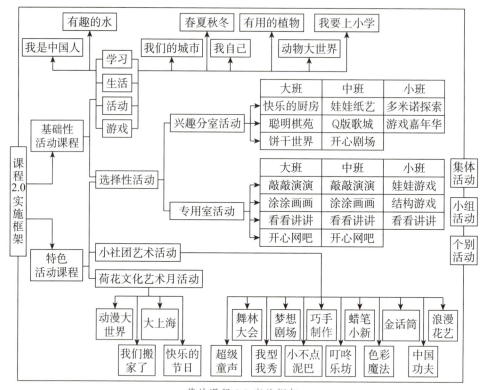

荷幼课程 2.0 实施框架

课程 2.0 目标更清晰，内容更丰富完整，除了基础性活动课程、特色活动课程，还包括选择性活动。其中，选择性活动的设置是为了更好地发展幼儿的个性与特长，具体包括兴趣分室活动与专用室活动。相对于基础性课程，选择性活动拓展了幼儿自由选择活动的时间、空间、内容等。对小班幼儿来说，选择性活动为他们参加艺术特色活动作好铺垫。

在这个阶段，我们对小社团艺术活动课程进行了系统研究，放大其对幼儿发展的独特价值，创新了一个以幼儿兴趣为基础、以艺术体验为手段、以综合能力培养为取向的混龄艺术活动模式。此时，12 个小社团已相对成熟。

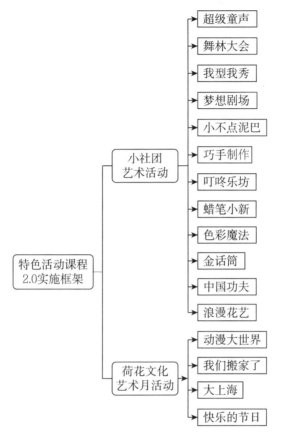

荷幼特色活动课程 2.0 实施框架

　　同时，该阶段创新了园本课程的管理流程和监测机制，深入开展了关于"幼儿园园本化课程的管理与运作机制的研究"，使已有的园本课程更有序、更有效地开展。特别是借助上海市第一轮中小学（幼儿园）课程领导力项目的引领，荷幼对艺术教育有了进一步的思考：如何以幼儿为主体来构建艺术课程，解决艺术教育以技能为导向的现实困境？针对此困境，我们将教师预设的小组式艺术体验活动变革为幼儿自主的艺术自选活动，以解决幼儿自主表现与艺术技能学习、教师预设与幼儿生成的课程实施难点，创建一个既能满足幼儿主动参与和合作互助的需求，又能对促进幼儿的学习品质有着独特价值的小社团艺术活动课程。

小社团艺术活动 2.0

（三）课程 3.0——日渐成为发光的明珠课程

依托上海市第二轮中小学（幼儿园）课程领导力项目，荷幼对园本课程进行了持续打磨，形成了"视界，我与孩子共可能"的课程理念。这为艺术教育的发展提供了新视角，真正体现了教学相长。在继承艺术教育特色的同时，基于生成课程的理念，荷幼确立了在课程实施、师幼互动和家园关系上的共生共享之路，形成了课程 3.0。

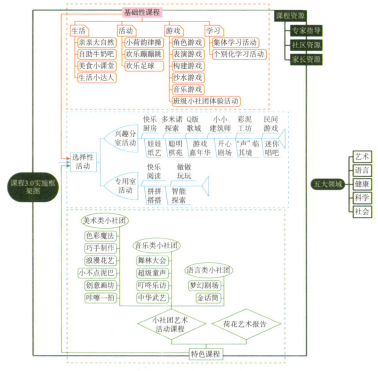

荷幼课程 3.0 实施框架

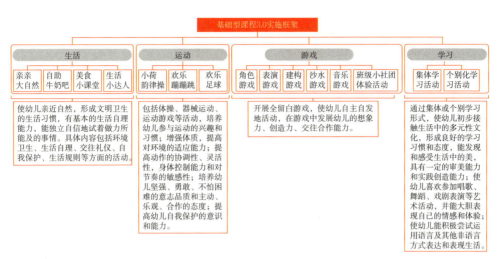

荷幼基础性课程 3.0 实施框架

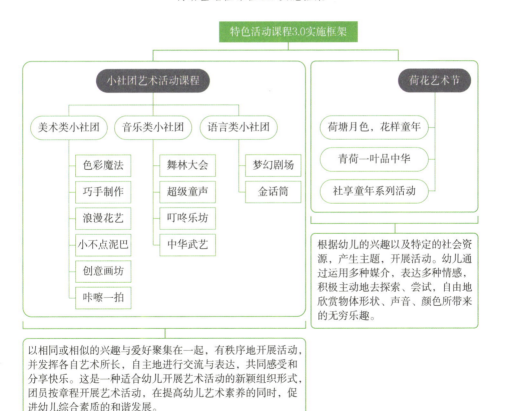

荷幼特色活动课程 3.0 实施框架

荷花池里的生命色彩

特色活动课程 3.0 由小社团艺术活动课程与荷花艺术节组成。其中，荷花文化艺术月活动到荷花艺术节的转变呈现了艺术教育的灵活性、多元性。我们不仅仅以主题，还能以节日、节气、社会热点等来作为艺术节的载体，从而凸显艺术教育对传统文化及爱国主义教育的渗透。

在对小社团艺术活动课程的持续探索中，荷幼抓住"幼儿发展"和"课程建设"两个关键点，以学习品质为抓手，对 12 个小社团进行了归类（音乐、美术、语言三类），并将幼儿社会性、学习品质发展融入目标中，进一步完善特色活动课程实施方案。

小社团艺术活动课程内容包括"招募""竞选""点名""主持"等活动，充分体现了自主和开放的小社团特性。这些活动在每个小社团中的表现形式是不一样的，如"招募"活动，"七色花"小社团以"花艺大比拼"方式展开，而"我是小演员"小社团则是通过"童话串烧"来进行。另外，小社团艺术活动包括经典活动和生成活动，每个小社团根据自身的特点来选择不一样的活动内容。（"社团招募"数字资源请扫本书二维码）

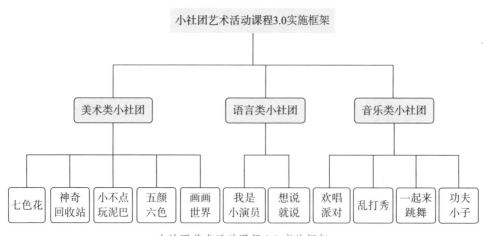

小社团艺术活动课程 3.0 实施框架

在实施小社团艺术活动课程中，教师摒弃以往仅从自己的视角观察幼儿需要的做法，而是以对话者的身份更真切地观察和理解幼儿的学习方式和特点，开发满足幼儿多种需求的课程。

小社团艺术活动 3.0

二、"共可能"理念下的课程 N.0

（一）从特色课程到课程特色的思考

荷幼对课程的思考从未停下探索的脚步，十年来，伴随着上海市三轮中小学（幼儿园）课程领导力项目，小社团艺术活动课程为园本课程的优化提供了扎实的基础，"视界，我与孩子共可能"的课程理念逐步为教师们所认同，培养促进幼儿终身发展的学习品质为教师们所关注。

如何将新课程理念落地？从课程中，幼儿是怎么学习的，他们能获得什么？教师可以如何支持幼儿？如何从特色课程走向课程特色？教师们不断地进行反思探索。

我们认为，艺术教育不能仅仅在特色课程中占有一席之地，更应该融于整个园本课程中。这为荷幼艺术教育的发展提供了新的视角：在"共可能"课程理念下促进幼儿与教师的共生共享，使教师从搬运工转变为规划设计师，从而让荷幼的艺术教育得以突破和发展，创建真正属于自己的园本课程特色。

（二）视界，我与孩子共可能

1. 具体含义

"视界，我与孩子共可能"的内涵是：教师与幼儿认识世界、看待生活的角度各不相同，通过课程彼此平等交往、双向互动、主动对话、相互理解，充分挖掘教育价值，拓展教育的多种可能性。具体而言，该课程理念包括两个方面的内容。

第一，走进幼儿视界，引导幼儿学会学习。荷幼课程经历了从关注课程本身到关注课程的主体——幼儿和教师的过程。日常教育实践中，教师和幼儿以完全开放的态度真正地互相倾听，共同进行有意义的学习。教师要做幼儿学习过程的合作者，相信幼儿的追求是有意义、有价值的。课程不仅要有预设内容，还要根据幼儿的经验进行弹性设计。

第二，融入教师视界，体现教师的专业价值。在课程实施过程中，教师作为课程实施的主体应走出自己原有的视界，获得对课程的创生性理解。在与幼儿交往的过程中，双方视界的融合与丰富有利于实现多种可能的教育理想。

2. 具体表现

"视界，我与孩子共可能"课程理念的具体表现

内涵要素	特征描述
视界	融入教师的视界，走进幼儿的视界
儿童观	儿童的视角
教师观	幼儿学习的支持者 平等对话的合作者
学习观	幼儿主动探索，深度学习
方向	教师与幼儿共成长

"视界，我与孩子共可能"是以教师、幼儿的视界融合为基础，从幼儿的视角出发，强调教育不是简单的教师给予和幼儿的习得，而是认为教师是幼儿学习的支持者、合作者，教师与幼儿相互学习，幼儿在课程中主动探索、经验迁移、积极建构、共同成长。

（1）课程目标表现

要落实幼儿园课程理念，关键是教师在日常教育活动中要善于从促进幼儿发

展的方式、过程、原则等方面把握课程理念,在观察、分析、理解幼儿的基础上为他们创设良好的课程活动环境。

基于"视界,我与孩子共可能"课程目标表现

课程目标要素	课程目标的特征描述
核心学习力	通过完整的学习体验,激发幼儿的内在动机
亲和的师幼关系	教师关注幼儿的每个疑惑、困难与问题,在高频率的、高质量的合作对话中互动
融合多元的课程实践	选择多样化的课程内容,关注动态和过程,满足不同个体的发展需求

荷幼从核心学习力、亲和的幼师关系、融合多元的课程实践三方面确立课程目标,强调培养影响幼儿终身生存与发展的核心素养,以专业化的保教实践,用符合幼儿特点的活动和生活方式组织课程,实现教育共可能。

第一,从一致性角度迭代课程总目标:"核"即关注幼儿的核心学习力,"和"即共筑亲和的师幼关系,"合"即融合多元的课程实践。具体而言,教师需要持续关注幼儿的经验,有意识地规划、调整游戏及与主题相关的学习内容,促进幼儿创造性艺术表现、社会性情感、身体健康、科学与数概念及语言的发展,培养幼儿终身学习发展的关键能力。

第二,从发展领域构建课程具体目标。课程目标不仅要培养幼儿终身学习与发展的关键能力,同时还能为教师发展提供指引。基于课程理念与课程总目标,结合《3—6岁儿童学习与发展指南》对幼儿学习领域的目标表述,课程管理中心从幼儿发展领域构建了相应的课程具体目标。

荷花池里的生命色彩

基于"视界，我与孩子共可能"课程具体目标

发展领域	关键词	目标
健康发展	• 运动和协调 • 身体和心理 • 自我保护	提供自由活动的环境及适宜幼儿年龄特点的材料、设备，帮助幼儿积极参与体育运动，发展身体平衡性、力量和协调性，养成健康生活、安全生活所必需的习惯和态度。
创造性艺术发展	• 探索和运用媒介和材料 • 主动性 • 想象力	通过音乐、舞蹈、语言、表演和视觉艺术，丰富幼儿的感性认识，提高幼儿创造性表达的主动性，培养坚持、责任等学习品质。
社会性发展	• 与他人建立联系 • 自信和自我意识 • 控制情感和行为	与同伴共同游戏，体验幼儿园生活的快乐；培养爱心和信任感，形成积极的自我概念，了解他人的需要和情感；养成社会生活所需要的良好习惯和态度，提高社交能力及与他人互动学习的能力。
语言发展	• 倾听和表达 • 前阅读和前书写	在交流中发展倾听与表达能力，感受用语言表达自己心情的快乐；提供各种材料、环境，发展前阅读与前书写经验。
科学与数概念发展	• 环境 • 记录与收集 • 数量和形状 • 空间与测量	在与周围环境和大自然接触的过程中，对各种事物产生兴趣；提供充分的机会和材料，帮助幼儿收集数据，描述和记录自己的发现，发展创造性思考和问题解决的能力；在对周围事物进行观察、思考和处理的过程中，发展对数量、形状、空间、时间等的感性认识。

（2）课程实施表现

基于"视界，我与孩子共可能"课程实施表现

课程类型	课程实施来源	实施表现		
		实施载体	实施途径	实施形式
基础性课程	上海市"二期课改"教材	生活、学习、游戏、运动	课程实施动态化、非线性	预设和生成相结合
特色活动课程	小社团艺术活动课程	小社团艺术活动		生成为主，预设为辅

在课程实施过程中，教师需要及时抓住教育的契机，给幼儿提供更多的参与活动的机会。

① 如何打开主题之门

在基础性课程实施的过程中，如何打开主题之门？教师对小班、中班、大班三个年龄段都做了深入探索。

一是观察幼儿的行为，发现幼儿关注的主题，通过思考幼儿是否具有相关的经验，主题的深度学习是否对幼儿的发展具有作用等，进而对幼儿感兴趣的主题进行判断、选择、调整、确定。例如，通过一次日常活动，如庄严的升旗活动，带领幼儿走进"我是中国人"主题；通过和幼儿日常谈话中的关联的主题核心经验点，带领幼儿走进主题；通过由上一个主题相关话题直接引发生成而来的新主题，带领幼儿走进主题；通过小社团艺术活动中的共同经验，带领幼儿走进新主题。

"我是中国人"主题活动

二是判断幼儿的已有经验和年龄特点，创设问题环境，激发幼儿主动探索的兴趣，从而形成主题。例如，通过调查幼儿的经验，发现幼儿共同的经验点或兴趣点走进主题；通过创设个别化学习活动游戏情境，让幼儿在与材料互动的过程中引发兴趣走进主题；通过让幼儿表达自己喜欢了解的问题是什么，随后展开相关话题走进主题。

在个别化学习活动中主动探索

② 如何营造会说话的课程环境

课程环境从展示型到真正呈现幼儿主动学习的过程，它的特点不是漂亮、丰富、成人化的，而是机动的、开放的、共享的，能够充分体现幼儿和教师两个主体的意志。环境的创设与改变一定是建立在幼儿对课程探索产生浓厚兴趣和深入理解的基础上的，并且根据幼儿的需要不断调整。

机动性体现在：课程的环境不是固定的，它是满足幼儿的需要、可以随时添置或撤销的机动区域。例如，我们的游戏从充满结构与框架的教室里搬到了只有材料区和空白游戏区的活动室，墙角、走廊、教室都可以是幼儿们的游戏空间。

开放、共享性体现在：各区域之间是互联互通的，便于幼儿操作探索、欣赏的。例如，我们的课程主题墙面不再是幼儿作品的展示墙，也不只是静态的陈列墙，而是充满着幼儿探索的过程和痕迹，教室成了"会说话"的教室，墙面成了"会说话"的墙。

和"会说话"的环境互动

（3）教师角色表现

基于"视界，我与孩子共可能"教师角色表现

教师角色	教师关键能力	具体条目
主体共创	学习力	了解和研究幼儿（技能、价值观）
		积累并更新相关知识经验（知识）
		发现问题（价值观、技能）
	执行力	观察、记录与支持
		因材施教
		创新能力
		举一反三
		有教育智慧

（续表）

教师角色	教师关键能力	具体条目
主体共创	沟通力	沟通与合作
		表达能力
	反思力	反思能力
		良好的自我调节能力（乐观等）

基于"视界，我与孩子共可能"的教师需要具备学习力、执行力、沟通力、反思力这些关键能力，并通过了解和研究幼儿，运用观察、记录与支持，沟通与合作等具体的方式来扮演好教师的角色。

在"视界，我与孩子共可能"理念下的主题活动实施中，教师不仅要在幼儿的经验基础上对原有的课程进行目标和内容的调整，还要根据幼儿的兴趣点抓住教育契机，生成新的内容。在课程反思过程中，教师从幼儿的视界出发，应更多地思考课程实施过程中幼儿获得了哪些经验，怎样才能进一步促进幼儿经验的发展，怎样才能更加丰富主题内容。

在选择介入或退出幼儿的学习中，我们主张"站好十分钟""写好学习故事"等做法，关注幼儿的学习进程、困惑，引导幼儿的主动探索、解决问题。例如，在特色课程实践中，教师通过启发唤醒幼儿的创作灵感，在材料提供、环境创设、主题选择及表达表现等方面给予幼儿充分的自由发挥空间，让幼儿和作品进行对话和碰撞。当幼儿在主动探索过程中遇到无法解决的挑战及同伴间的争端等影响深入学习时，教师要以恰当的方式适时地介入，合理地处理问题，鼓励幼儿继续深入地自主探索。在小社团艺术活动课程中，我们根据每个小社团的不同情况，增加了"小社团实施要点"，专门讨论了教师该介入的时机。

在课程评价时，教师应摒弃对艺术技能、技巧为导向的评价，注重幼儿活动过程中的生成与表现，鼓励幼儿自主交流与表达，激发幼儿与同伴共同发现艺术美、感受艺术美、创造艺术美，提升幼儿艺术表现力。

三、不断生长的课程

（一）创新视野的冲击

荷幼所在的上海市黄浦区提出了"把创新的基因写进课程里""创新教育，让经典黄浦绽放创造之光"的理念。在这样的背景下，荷幼从幼儿个性化发展出发，顺应艺术教育综合性的发展趋势，开展了科学、艺术跨领域融合课程的研究。

1. 把创新的基因写进课程

艺术与科学是人类把握世界的两种不同的方式。艺术与科学互相丰富，互相启迪。艺术与科学的融合并不是要驱逐科学的重要性，而是以艺术的情怀感染幼儿对科学价值的追求。

有研究表明，创新能力与创新知识结构存在着正相关。假如一个人头脑中的知识模块本来就非常有限，那么他所进行的活动的新颖程度必然会受到限制。这种对知识结构综合性的要求，需要重视幼儿广泛学科知识的积累，引导幼儿去涉猎更广泛的知识领域，对多种学科保持敏感和兴趣。因此，荷幼通过科艺融合课程吸引幼儿全身心地投入到学习中，彰显每个幼儿的个性。

我们把小社团作为科艺融合课程的载体，因为小社团的低结构性质有利于幼儿创新能力的发展。小社团通常发生在中大班混龄的活动情境中，结构更为松散，重视对艺术本身的审美体验及学习品质的培养等，幼儿在相互合作中与材料互动，主动建构。

在艺术教育综合性取向的趋势下，我们尝试打破课程结构和内容中的领域限制，或在艺术活动中架构科学核心经验，或在科学活动中加入艺术元素，让艺术成为幼儿探索问题过程中的各种表达，使幼儿在自由情景中感受到艺术潜移默化的教育功能，促进幼儿多通道、多途径地表达与探索。

具体来说，首先，我们在小社团艺术活动课程中尝试加入了机器人、光影摄影、磁力泥等科学探索类课程内容，这是对科学领域融入艺术领域的初步探索；

其次，在梳理艺术教育与科学教育融合理论的基础上，研究幼儿艺术与科学领域的内在融合方式，形成主题与内容、策略与途径等科艺跨领域融合，为不同学习风格和不同发展水平的幼儿提供多种可供选择的学习方式。再次，荷幼结合小社团的不同特性以及小社团中幼儿的兴趣点，加入科艺融合的活动内容，将科学和艺术的融合贯穿在主题实施中。

科艺融合探索与创新

小社团科艺融合主题活动内容（部分）

科艺主题类别	具体内容	特点	科艺融合的小社团	活动例举
童话故事的主题	天地形成 日、月、星辰 风、雨、雷、电 一年四季等	1. 主题通常来源于生活中的现象和事物。 2. 与幼儿经验紧密相连。	我是小演员 想说就说 乱打秀 功夫小子	雷公电母 模拟声效 盘古开天 四季轮换
自然界中一些永恒的事物主题	高山、流水 海洋、森林 动物、植物 光和影等	1. 这些事物和人们的生活息息相关。 2. 既是科学探索的内容，也是艺术永恒的主题。	咔嚓拍拍拍 神奇回收站 七色花	影子的秘密 大力纸张 颜色的变化
工艺和科技主题	风筝、陶器 服装、扇子 桥梁、建筑 交通工具等	1. 包含丰富的关于设计方面的内容。 2. 是艺术手段和科学手段的自然融合。	小不点玩泥巴 神奇回收站 一起来跳舞 五颜六色 画画世界	天空的风筝 扇子舞 泥人 绘画写生
体验主题	冷和暖 轻和重 光明和黑暗 柔软和坚硬 对比、对称等	1. 主题同时触及两种学科的基本概念。 2. 建立在幼儿亲身体验的基础上。	欢唱派对 五颜六色 画画世界 神奇回收站 我是小演员	冷暖色调卡 昼夜的变化 一模一样吗 声音变变变

在科艺融合主题内容设计中，教师要注意从易到难、由浅入深地帮助幼儿获得较为完整的科学知识和经验。

2. 使艺术与生活形成有效联系

创新教育倡导以问题解决为导向，旨在培养幼儿创新能力、综合实践能力。幼儿学习的方式和特点是在生活中学、玩中学。跨领域主题式的学习打破了学习内容的界限，让幼儿在真实的生活情境中学习知识，使幼儿艺术学习与真实生活建立联系，帮助其形成更完整的知识结构。例如，"空中音乐花园"是我园托班幼儿最喜欢玩的游戏，教师将音乐信号的感知和对水的探索融合在一起，让幼儿在玩中学，自主探索，将艺术与生活形成有效联系。

每当在户外玩音乐时，我们不只是简单地将小乐器摆放到户外，而是创设了富有美感的小花园。小蜜蜂罐是很特别的打击乐器，幼儿们可以使用小锤子，伴随着音乐，让它们发出好听的声音。我们在围栏上还绑上了一连串五颜六色的透明玻璃瓶，瓶子里装上的水不同，幼儿们敲击出来的声音也不一样。幼儿们戴上可爱的装扮物，就像是一个个可爱的小精灵穿梭在小花园，开起了音乐派对。

（唐玉婧）

（二）传统与艺术的交织

优秀传统文化是中华民族的"根"与"魂"。作为一所艺术特色的幼儿园，荷幼探索将传统的优秀文化以艺术的方式融入幼儿的一日生活，借助古人的智慧，启发、引导幼儿向真、向善、向美。从教室里那一方陈列着幼儿青花瓷作品的多宝阁，到楼道幼儿稚嫩的甲骨文泡沫石块作品；从每次独具特色的节气饮食，到寒露节幼儿口中的三候"鸿雁来宾，雀入大水为蛤，菊有黄华"；从迎新年大活动中幼儿身上的唐装，到幼儿自己动手剪纸、写"王"字、制作青花瓷器、画脸谱……幼儿的在园生活都与传统文化有着密不可分的关系。

1. 在多元的课程中领略传统文化内涵

文化是抽象的，我们根据幼儿的认知特点，将传统文化具象化，让幼儿在实际体验和活动中，了解传统文化所蕴含的意义。例如，在新年大活动中，我们梳理出新年里的核心元素，设计了"叮叮咚咚锵锵锵""跳跳虎迎新年""萌虎唱新春""生龙活虎闹新春""新年花市""白相集市""年兽集福"等活动，帮助幼儿感受新年的习俗特点。活动从内容到形式既贴合幼儿的生活经验，又能将新年的元素很好地融合在一起。

欢欢喜喜迎新年

　　在探索优秀传统文化与艺术融合的过程中，荷幼从课程视角整合优秀传统文化要素，从情感、态度、动作技能三方面设计目标，同时注重社会、科学、语言、健康、艺术五大领域的平衡。

2. 在有声有色的环境中浸润优秀传统文化

幼儿园的环境像一本立体的书，承载着小小艺术家们的大作，每次经过，我们都忍不住驻足停留。

环境是一种隐形的资源，具有潜在的教育价值，学前幼儿的学习具有随意性、模仿性、情境性的特点，创设具有特色的环境能激发幼儿参与活动的兴趣，无形中让幼儿感受到传统文化的魅力。

作为一所艺术特色的幼儿园，荷幼在公共环境（走廊环境、园厅环境、操场环境）和教室环境创设上，充分考虑幼儿的兴趣和年龄特点，满足不同年龄幼儿的发展需求，从环境的整体性、协调性、美感的表达与表现、传统文化价值的体现与传递等方面着手，去选择适宜的材料，并有层次、有重点地进行呈现，促进幼儿与环境之间的互动。

例如，在一次元宵节的活动中，教师根据幼儿的年龄特点，从赏花灯、猜灯谜、做灯笼、放烟花、搓元宵、舞狮子等板块进行环境创设，为幼儿挂好一条长长的灯笼绳，让幼儿制作自己喜欢的灯笼；为小班幼儿提供了卷心筒、胶水等材料便于他们操作，而大班的幼儿则直接运用剪、贴、涂、捏等多种方式来创作。幼儿完成作品后，教师将这些灯笼一一呈现在大环境中，便于幼儿更好地欣赏、体验、表现、交流。

热热闹闹过元宵

3. 在艺术实践活动中表达优秀传统文化

围绕"视界，我与孩子共可能"课程理念，荷幼以幼儿为中心，将优秀传统文化融入课程实践中。

优秀传统文化融入大班主题活动方案

主题名称	主题目标（部分）	优秀传统文化与主题目标契合分析	优秀传统文化在活动中的具体渗透
我是中国人	1. 了解我国许多有名的人物和他们的事迹，为自己是一个中国人而感到自豪。 2. 了解我国丰富多彩的民间节日及习俗，感受参加民俗活动的快乐。	1. 在我国的历史长河中，有非常多的有名的人，诸如名医扁鹊、张仲景，少年英雄司马光。 2. 幼儿通过绘本、少儿动画等多种途径可以接触到许多中国名人。 3. 我国是一个多民族的国家，各民族的风俗习惯、节日、饮食、服饰都不同。	1. 集体活动"青花瓷"（艺术）、"四大发明之一·造纸术"（科学）、"盘古开天辟地"（神话，语言）。 2. 以"优秀传统文化润童心"为主题，根据少数民族风俗习惯创设了相应的环境，帮助幼儿初步体验少数民族的民俗风情。
我们的城市	1. 有兴趣地观察周围不同的建筑，了解它们的特征，以及与人们生活的关系。 2. 体会城市建设的不断变化，了解各种新鲜事物，感受我们的家乡越来越美丽。	爱家乡、爱祖国历来是中华民族的优秀传统。	1. 家园合作，请家长周末陪同幼儿一起去参观上海的各种文化景观，感受上海城市的发展变化。 2. 开展集体活动"上海城真正好"。 3. 开展个别化学习活动，如"上海旅行棋"。

（续表）

主题名称	主题目标（部分）	优秀传统文化与主题目标契合分析	优秀传统文化在活动中的具体渗透
春夏和秋冬	1. 感受天气的变化，了解天气与人们生活的关系。 2. 感受季节的变化以及它对人们生活的影响。	1. 二十四节气是古代劳动人民在长期的生活劳作中总结的经验，是智慧的结晶。 2. 教师可以选取二十四节气中相应的素材点在主题活动中开展。	开展主题活动"文道书采"。

同时，我们也在小社团艺术活动课程中高度融入了优秀传统文化的元素。例如，在"小不点玩泥巴"小社团中，幼儿先阅读富含传统文化元素的绘本《孔融让梨》《西游记》《凿壁偷光》《三个和尚》等等，再运用搓、捏、揉黏土等技巧将喜欢的故事内容表现出来。不仅如此，我们还邀请了民间艺人一起加入小社团活动，和幼儿一起运用传统技法制作手工艺品。

在2021年建党100周年之际，小社团开展了"红色之旅"活动，借助小社团的形式，让幼儿从小浸润在红色文化中，让红色基因在幼儿的心里扎根。

在黄浦区庆祝建党百年大型文艺汇演活动中，荷幼的幼儿和小学生们共同表演的节目"少年传薪火"作为压轴节目出场，寓意少年儿童是我们党、我们祖国未来的接班人。

4. 饮食有道，将传统文化融入食育

在食育中渗透传统饮食文化的教育，将礼仪文化、营养知识和菜品文化相融合，能够增进幼儿对我国传统饮食文化的认知与理解，体会我国传统饮食文化中蕴含的生活智慧，形成快乐、自主、优雅的荷幼食育文化。

（1）饮食营养增健康

幼儿的健康与饮食的营养程度有着直接联系，荷幼一直遵照"营养、科学、均衡"的原则，结合四季气候的变化及幼儿身体发育特点，以"二十四节气美食自助餐"为活动载体，制订了营养育儿新模式。

例如，清明是中国传统节日，又是二十四节气之一，清明时节的传统美食——青团、春菜等也富含多元营养，在"万物生长时，别样话清明"活动中，我们从食育的角度让幼儿了解清明的习俗和文化内涵，从营养丰富的美食中帮助幼儿感受别样的清明。

清明节主题活动

在一系列清明节美食活动中，幼儿围坐在一起，念一念古诗，尝一尝各式各样的青团和春菜，感受舌尖上的浓浓春味。在品春菜的过程中，幼儿摄取了丰富的营养，感受到传统节日的丰富内涵和无穷魅力。

（2）菜品文化增自豪

中国的菜品文化在历史长河中源远流长，为了让幼儿了解祖国各地美食文化，从小培养民族自豪感和爱国主义情感，我们以荷幼特色的"青荷一叶品中华"及中国各菜系主题自助餐为载体，以好听的菜品名称、巧变的食材将菜品文化多维度地渗透在幼儿的饮食中。

美味的自助餐

美食节的菜品全部出自荷幼的后勤团队，32 种品种不一、造型精致的菜肴从色、香、味、形、器角度阐述了中国烹饪的特色。为了让幼儿深入感受各地饮食文化，荷幼按照八大菜系所属的地区创设体现不同地域风情的饮食环境，浓郁的江南风、古色古香的徽州古城、地道的四川火锅店、正宗的港式茶餐厅陆续出现在了荷幼的活动室和操场上，此刻的幼儿园俨然变成了一座小型的中华美食城。小食客们身着中国传统特色服饰，在浓浓的中国风氛围内品一品中国多样性的菜品文化。

（3）礼仪文化促自信

中国素来以礼仪之邦闻名，幼儿期是习惯和礼仪养成的关键时期。荷幼用美妙的音乐、适宜的餐厅环境和班本化"光盘行动"活动，培养幼儿食不语、不挑食、不偏食和珍惜粮食的饮食礼仪，如为了引导幼儿养成爱惜粮食的好习惯，荷幼所有班级都开展了班本化的"光盘行动"，集体教学活动"大米怎么种出来的？"个别化学习活动"食物金字塔"及生活活动"食物我爱吃"，通过多样化的形式在一日活动中融入节约粮食的教育内容，让幼儿铭记节约粮食是美德，并将此付诸行动。

根植传统，浸润童心，将传统文化践行在幼儿一日生活的方方面面，不仅仅是传承传统文化的需要，也是增强幼儿民族自尊心、自信心的需要。

每天都要"光盘行动"

（三）走出园所的课程

艺术教育是没有围墙的教育。荷幼的课程就像一颗转动的明珠，把艺术璀璨的美照入人心，让艺术教育走出幼儿园，走进万千家庭，实现资源间的共享与互补，使课程更具持续性和延伸性。我们构建了向家长和社区辐射的幼儿园—家庭—社区"三位一体"的艺术实践活动体系，为幼儿的诗意童年系好人生的第一颗扣子。

1. 园际"联"起来

多年来，荷幼以艺术教育为桥梁，一直与国内外的幼教同行、专家保持着良好的交流。特别是这两年，宋青园长承担了教育部领航工程，建立了宋青名园长工作室，荷幼对全国学前艺术教育的影响力就更大了。

随着《上海市教育委员会关于促进优质均衡发展、推进学区化集团化办学的实施意见》的颁布，黄浦区学前教育高位发展共同体——荷花池艺术教育集团于2017年在黄浦区教育局的领导下成立，采用"一校牵头，并举发展"的运作模式，促进区域内学前艺术教育高位发展。

荷花池艺术教育集团的功能定位于艺术教育研究学术团体，围绕艺术文化、艺术课程、艺术品质的学前教育高位发展的核心，通过"三动"（课程联动、项目带动、理念互动）和"三发展"（幼儿综合素养的发展、教师专业素质的发展、艺术教育均衡高位的发展），形成"荷而不同"的艺术教育特色，让艺术教育回归幼儿的本真，构建提升幼儿艺术素养的课程群，通过小社团艺术活动的开放、小社团指导教师互动、艺术教育工作坊、主题式园际教研等途径，辐射艺术教育实践经验，为集团内11所成员园搭建了艺术教育的创新平台，对于艺术教育实践中普遍的瓶颈问题进行创新与突破，推进成员园的特色艺术教育课程建设，共同呈现黄浦优质精品艺术教育。同时，开展多园所的同步艺术教研，搭建国内外交流平台，更好地助力幼儿的发展，实现资源间的共享与互补，使艺术教育更具持续性和延伸性。

2. 家园"艺"起来

一位妈妈曾跟教师感慨道："如果在幼儿园的三年内，我能和我的孩子一起登上艺术的舞台，那将是件多么美妙的事情啊！"

家长的身上蕴涵着丰富多样的艺术资源，挖掘家庭中的艺术资源，邀请家长广泛参与，可以丰富幼儿艺术活动的内容，扩展艺术活动的形式，让幼儿接受更全面、更丰富的艺术教育。

荷花池里的生命色彩

就这样，借助家园合作，荷幼形成了充分发挥家长主动性的"'艺'起来家长团"由拥有音乐、美术、舞蹈或表演艺术才能（包括艺术教育能力）及艺术资源的幼儿家长组成，一起进行家园艺术共建。"'艺'起来家长团"的组织架构比较松散，由园级家委会参与组织协调，它的成立让家园共育深入艺术领域，实现家园视界的全融合。

"艺"起来家长团分为活动创意组、环境创意组、技术支持组三个小组，每个小组由教师、家长组长和家长团员组成，各有分工，各司其职。幼儿园与家长共同提供自己的资源，丰富幼儿课程资源，拓宽课程视野，一同在艺术活动中体验快乐与美好。

第一，利用资源走出去。通过美术馆、艺术馆参观和实地调研考察等形式，让幼儿亲身感受艺术的氛围与熏陶，进一步激发幼儿的想象力和创作力。例如，家长为幼儿提供了前往艺术中心欣赏川剧的艺术活动。在活动中，川剧演员精致的妆容、华丽的戏服、丰富的肢体语言、娴熟的身段令幼儿看得目不转睛，感受到了川剧艺术的独特魅力和祖国传统文化的博大精深，激发了幼儿对祖国文化的喜爱之情，也促进了家长、教师与幼儿之间的互动交流，实现了资源共享、共同欣赏艺术的目的。

第二，参与活动请进来。家长以助教或艺术助演的身份参与幼儿园小社团艺术活动、幼儿园主题活动、幼儿园艺术节、各类亲子活动等，共同提升幼儿艺术素养。家长的参与不仅会给予幼儿鼓励和动力，更会在双方共同合作完成表演的过程中，增进感情和艺术交流，良好的表演氛围也会对幼儿的学习和表演产生促进作用。荷幼在对幼儿进行艺术教育熏陶的同时，也注重培养幼儿的广泛兴趣、乐观积极的情绪以及良好的品格。

"艺"起来家长团在艺术共建的理念下，精心策划与实施了多场让人记忆犹新的活动。例如，"艺"起来家长团与教师们策划将古诗词文化、时代热点等融入到艺术教育活动中，开展了形式多样的艺术展演活动，通过欣赏、吟唱、舞动等方法将对生活的美好传递给幼儿。有的班级将古诗词歌曲作为幼儿的律动音乐，在每天的蹦蹦跳跳中感受诗词的魅力；还有班级将对太空的想象化作美妙的舞蹈，用肢体语言表现幼儿对太空的向往……

　　在小班"吟诵古诗"活动中，小班幼儿有声有色地吟诵起《咏鹅》《春晓》等古诗，一幅幅富有色彩和流动感的四季画面，加上"艺"起来家长团爸爸扮演的教书先生的吟唱，顿时把现场所有人都带入了美好的意境。在中班"太空梦"的演出中，所有的演出服装都是由班级家长和幼儿一起利用环保材料制作完成，向我们展现了幼儿希望保护环境的美好愿望。在大班的"灌篮高手"活动中，爸爸们率先出场，运球、投篮、带球等一系列动作夺人眼球，显示出爸爸们在运动方面的优势。幼儿们在爸爸们的带领下，一边运球一边走位，他们信心十足的表演赢得场上的热烈掌声。

　　此次艺术活动中，每首歌、每个动作、每件道具都由幼儿们一起选择，一起创造，一起将灵感化为现实。

"稚子心，童之梦"荷花文化艺术节展演活动

亲子百变创艺秀

　　为了能让幼儿度过一个愉快而有意义的节日，我园家长理事会（园级家委会）和"艺"起来家长团的成员们共同商议，策划了一个非常有创意的装扮秀活动来欢庆"六一"儿童节。活动内容丰富多彩，包括：创意画廊、人体彩绘、波点秀、亲子制作、烘焙、泡泡秀、3D摄影等。活动中，家长们和幼儿们加入装扮行列，一起庆祝这个属于幼儿们的一年一度的节日。

亲子百变创艺秀

舞蹈表演

这一次，"艺"起来家长团给我们带来了"钢琴吉他的合奏""京剧沪剧联唱""女声独唱"等节目，无论是上了年纪的爷爷奶奶，还是年轻的爸爸妈妈，都在舞台中将自己的艺术魅力展示给了当天所有的观众，得到了大家的掌声。

当然，最精彩的压轴表演当属由"艺"起来家长团多位爸爸妈妈组成的舞蹈演出，华丽的服装、默契的组合、优美的动作，这一切都给在场的每位观众留下了深刻的印象。许多家长表示，没想到幼儿园除了教师和小朋友有才艺，原来爸爸妈妈也都这么多才多艺。

精彩纷呈的舞蹈表演

荷幼好声音

一年一度的"班班有歌声"活动又开始了。从活动的海报宣传、班级海选的舞台设计、各班评委的自主推荐、好声音的组织等各个环节，家长、教师、幼儿俨然成为默契的合作伙伴。为了实现家长和幼儿同台的美好愿望，"班班有歌声"的舞台走向了更宽广的舞台——"荷幼好声音"，让家长和幼儿得以共成长。

亲子"荷幼好声音"

3. 社区"活"起来

在课程实践的过程中，来自幼儿生活的许多资源都为我们课程的发展提供了新视角，其中不可缺少的就是社区资源。荷幼推崇把社区中的资源整合到幼儿园课程中来，发挥幼儿园、家庭和社区间"三位一体"的教育合力。

（1）探寻社区"活"资源

浓厚的风土人情、地方特色的古建筑、原汁原味的民间风俗表演等，都能极大地丰富幼儿艺术教育的内容和形式，为幼儿提供感受、模仿、创作的契机。社区中独特的上海文化艺术蕴含了丰富的教育资源，犹如一本"活教材"，是幼儿艺术教育取之不竭的源泉。

上海市黄浦区瞿溪路 468 号是荷幼总园园址。在荷幼的附近有着丰富的人文资源，如苗江路上的儿童艺术成长中心、上海当代艺术博物馆，南浦大桥附近的三山会馆、世博园区、城隍庙、上海老街、上海文庙等，都是难得的宝藏。"咔嚓拍拍拍"小社团和"金话筒"小社团就充分利用城隍庙的本土文化资源，带领幼儿感受社区中的小吃文化和独特的人文情怀，共同表演"上海，哈嗲"的童谣节目。小社团活动与社区联动，拉近了幼儿与社会的距离，也让幼儿在生活中学习。

"上海，哈嗲"童谣展演

多彩的社区艺术活动可以拓展幼儿艺术学习活动空间，让社区成为幼儿们学习、开展艺术活动的第二课堂。例如，参观上海电视台演播厅让幼儿感受到了不一样的艺术舞台。在上海电视台演播厅里，热情的叔叔阿姨给幼儿们讲解演播的过程，平时在电视里看到的很多精彩的节目是怎样被奇妙地录制而成的。幼儿们在演播室尝试做一做小播音员，演一演小记者。这样的社区活动丰富了幼儿艺术学习的内容。

参观上海电视台演播厅

（2）拓展"荷·家园"社区辐射活动

荷幼坚持家、园、社区"三位一体"的教育理念，立足幼儿园，面向家庭、社区，将优质艺术教育资源播种到幼儿园之外的地方。例如，荷幼定期送教上门、送爱上门，和黄浦区瞿四居民委员会签订合作协议，定期为瞿四居民委员会送上家庭教育指导的专业性服务，并且每年邀请社区散居儿童参加荷幼的艺术开放活动。荷幼聚焦艺术教育特色，将艺术与生活完美结合，积极参与上海市科学育儿指导系列公益活动——"育儿加油站"和"上海市亲子嘉年华"，为社区提供0—6岁幼儿教育资源专业的育儿指导。

2021年，上海市科学育儿指导公益活动——"育儿加油站"开始啦。在上海音乐厅前的大草坪上，"专家大讲堂""亲子游戏指导""面对面咨询""小小志愿者"等活动如火如荼地进行着。

荷幼聚焦艺术教育特色，将艺术与生活完美结合，以"锅碗瓢盆会唱歌"为主题创设了"厨房音乐会""彩虹水乐坊""魔法小乐器"和"神奇小瓶罐"四个节奏小游戏。喜欢敲敲打打各种物品是幼儿的天性，厨房更是幼儿们好奇的地方，把锅碗瓢盆当作乐器，让幼儿们在自由表现音乐节奏、创编各种肢体动作的同时，体验多元表达的乐趣。

跟随着欢快的节奏，顺着"锅碗瓢盆音乐人"的指引，我们一起来到了会唱歌的小厨房。煤气灶、筷笼、锅盖、刀具、砧板……各种厨房用具原来可以发出这么多声音，幼儿们在爸爸妈妈的陪伴下，尽情地享受音乐的魅力！

2021年，上海市科学育儿指导公益活动"厨房音乐会"和"彩虹水乐坊"

烈阳四射也阻挡不了幼儿们的热情，"彩虹水乐坊"溅起的水花混合着幼儿们的汗水，在教师的引导下，迸发出了七彩的音乐火花。除了有趣的锅碗瓢盆，各种魔法小乐器也吸引着幼儿们的注意。豆子、米粒、薏米和蛋壳、勺子也能有交集，简单地舀一舀、盖一盖、粘一粘，一个球就做好了。幼儿摇着手中的球和自己制作的小乐器，一起加入了这场音乐盛宴。

这场精彩纷呈的"育儿加油站"活动为幼儿们健康成长创造了无限可能，也为适龄幼儿的家庭提供了线上线下育儿资源，营造出良好的亲子互动氛围。践行民心工程，实现幼有善育，我们不遗余力！

荷幼还依托信息技术构建了园—区—市—国家科学育儿网络，向世界学前教育组织中国委员会、《中国教育报》、上海教育电视台等媒体提供优质的艺术教育线上资源，共享艺术教育经验。

（四）大艺术活动课程体系的形成

荷幼对艺术教育的不断追求和实践的积淀，为艺术教育的发展打开了新视角，构建起共生共享的大艺术活动课程，注重聆听幼儿与艺术间的对话，注重教师与幼儿间的支持性互动，支持幼儿享受创造的乐趣，解决幼儿自主表现与艺术技能的习得、教师预设与幼儿生成的课程实施难点。

基于共生共享的教育理念，荷幼课程在迭代中踏上了视界融合之路，逐渐形成了共同性课程与选择性课程为一体、幼儿园艺术教育与家园社区协作双向联结的大艺术活动课程体系。

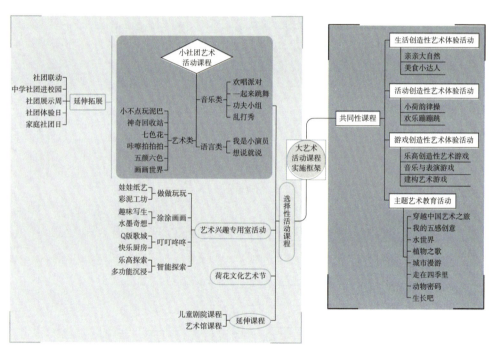

大艺术活动课程实施框架

1. 系统化的机制运行

大艺术活动课程体系运行机制由建组与招募机制、活动策划机制、更新机制、资源共享共建机制构成。例如，在招募环节，采用自主分组、现场招募等方式，幼儿自主选择艺术活动内容，凸显幼儿的主体地位。同时，通过幼儿和教师共同生成的活动策划机制，将艺术活动形式多样化、内容多元化，丰富大艺术活动课程的内容。

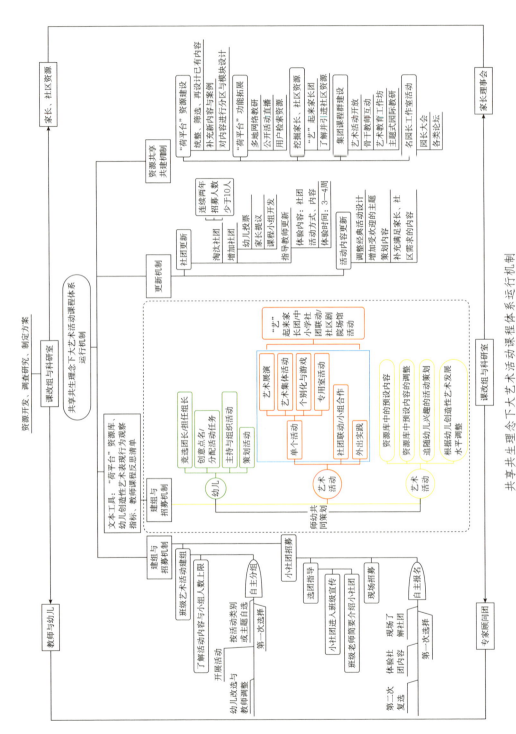

2. 双主体的课程生成与实施

更新机制突破了教师预设或幼儿生成的单一课程设计模式,关注课程实施中教师与幼儿双主体的对话。在这样的课程中,教师摒弃以往仅从自己的视角去思索幼儿需要知道的前经验储备的做法,而是以对话者的身份进入到幼儿当下的状态,更真切地观察和理解幼儿的学习方式和特点。在已有艺术教育课程内容基础上,教师结合幼儿生成且感兴趣的内容进行生成—筛选—组合—创新设计,在生成和创新中迭代艺术教育课程内容。

3. "三位一体"的教育共享

大艺术活动课程体系的形成离不开园外资源的共建共享,将社区、家长资源"请进来",在资源的共建共享中,让艺术渗透进幼儿生活的每个角落。在艺术资源共享共建中,荷幼依托"荷平台"进行课程资源的建设,保障大艺术活动课程体系的高效实施。

大艺术活动课程体系的建立使艺术教育形式从共性走向个性,活动资源从零散走向整合,学习方式从被动走向主动,运行机制从单一走向多元。大艺术活动课程体系丰富了艺术教育样态,传递着共享共生的理念,拓宽了艺术教育的深度与广度。

第五话　经历："社"享童年

"好雨知时节,当春乃发生",小社团活动恰似一场陶冶幼儿艺术情操的春雨,滋养着每个幼儿,让每个幼儿都能绽放出生命的光芒。

一、小社团艺术活动课程的创新与发展

所谓小社团,就是一个以幼儿的兴趣为基本前提,通过幼儿自主选择和结伴而自发形成的组织,幼儿的自由结合、自主探索、自我表达就是小社团活动的基本特质。"欢唱派对""我是小演员""小不点玩泥巴""神奇回收站""乱打秀""一起来跳舞""想说就说""功夫小子"等小社团打破了原有的学科界限,从以前注重技艺取向的艺术教育功能转向了激发幼儿潜能、促进幼儿个性化表现和交往等综合能力发展的艺术教育功能。

（一）小社团艺术活动的闪光点

在小社团艺术活动中,教师追随着幼儿的脚步,看着幼儿把他们自己的奇思妙想付诸实践,看着幼儿从跌倒再到自己站起来的过程,教师真正成为了幼儿活动中的支持者、合作者、引导者。在这一过程中,幼儿不再是传统活动中等待被安排和教化的对象,而是积极的行动者。

1. 从依靠教师到自主自理

师幼共生的理念不仅应该体现在基础性课程中,更应该渗透于特色课程的方方面面。小社团改变了课程活动方式与教师地位,给予幼儿更多的倾听和尊重。教师作为小社团活动中的观察者与支持者,更关注幼儿学习品质的培养。

为此,荷幼跨出了重要的一步,放弃了大家耳熟能详的、带着漂亮字眼的小社团团名。大部分小社团的老团名都是以一种成人化的语言、视角来命名的,这是小社团艺术活动课程起初的真实状态。但当课程走到了今天,我们从幼儿的视界出发,听从小团员们的心声,重新命名小社团团名。于是,"叮咚乐坊"变成了"乱

打秀"；"梦幻剧场"变成了"我是小演员"；"色彩魔法""变成了"五颜六色"；"创意画坊"变成了"画画世界"。团名变质朴了，教师与幼儿的视界开始慢慢交融。

新旧团名"对对碰"

序号	老团名	新团名	序号	老团名	新团名
1	叮咚乐坊	乱打秀	7	浪漫花艺	七色花
2	舞林大会	一起来跳舞	8	巧手制作	神奇回收站
3	超级童声	欢唱派对	9	小不点泥巴	小不点玩泥巴
4	中华武艺	功夫小子	10	色彩魔法	五颜六色
5	梦幻剧场	我是小演员	11	创意画坊	画画世界
6	金话筒	想说就说	12	咔嚓一拍	咔嚓拍拍拍

在小社团活动过程中，幼儿们的声音变得越来越重要，他们的想法得到越来越多的尊重。在"一起来跳舞"小社团中，幼儿们的角色不再是被动的学习者，他们转身一变，成为了小社团活动内容的主动创造者。

跟着我，我们来跳舞

大四班的小辰作为"一起来跳舞"小社团里唯一的男孩，以帅气的外表、开朗的个性、大方的肢体动作吸引了一大批小迷妹为自己投票，成为了新一届的小社团团长。

"老师，我想带他们跳《Despacito》。你们围成一个圈，我站在里面。"小辰带着团员们跟随动感的音乐舞动了起来。

小社团活动结束时，小辰问我："赵老师，下次我们跳什么舞？"

我反问道："小社团是你负责的，要不你问问大家想学什么舞蹈吧？"

"我会跳芭蕾舞。""我学过街舞。""我也学过！我还会新疆舞。"团员们的讨论声此起彼伏、不绝于耳。

于是，在小社团活动结束后，我和团长小辰、副团长云云开展了一次简短的商讨。最后，我们决定下次活动时，先请有舞蹈经验的团员在集体面前依次表演，再由团员们决定学哪支舞。

大家共同商议的小社团活动如期开展了，团员们有的想学街舞，有的想学模特走秀，这可怎么办？没关系，分成几组同时进行就好啦！就这样，我们的小社团有了分组环节，团员们选出小组长，互相学习，分组展示，大家时而化身小小舞蹈演员，时而做一名小观众，挥动着手中的荧光棒，20几个幼儿无一不露出满意的笑脸。

（赵安逸）

原来，小社团活动的内容并非众口难调，跳什么？怎么跳？这些问题也从来不需要教师来操心。这就是小社团的魅力所在，"我的社团我做主"。

我们一起来跳舞

2. 从独自探索到合作互助

在混龄、混班的小社团艺术活动中，幼儿不再是单独活动的个体，不再只关注于探索自己的活动，他们通过相互合作、解决争议、共同讨论等方式开展活动。互助合作式小社团艺术活动的开展过程由师幼共同策划、参与的，教师是活动的支持者、合作者、引导者，幼儿的兴趣、需要、能力是活动的立足点。在这一过程中，幼儿的自主性、主动性和创造性等在最大程度上得到发展，他们合作互助的意识得到了体现。在小社团活动中，团员与团长间的合作、团员与团员间的合作、小社团与小社团间的合作，不一样的合作形式给幼儿带来了不一样的乐趣。

不让一个弟弟妹妹掉队

经过"功夫小子"小社团团员们的商量，最近我们要开展一个关于认识"剑"的活动。这个活动怎么开展，怎么得到团员们的响应成为了大家商讨的热点。有的说："进行舞剑比赛，看谁舞的剑最漂亮。"有的说："请老师介绍剑。"大家的建议层出不穷。这时，中班的弟弟们犯难了，个个坐着没有声响。"可是中班的弟弟不会玩啊?"我提出了问题。团长当即站起来骄傲地说:"我们一个哥哥教一个弟弟,他们就会了。"也有的说道:"让弟弟们看我们做一遍。"经过集体的讨论达成了以下共识:(1)采用不同年龄段幼儿一对一搭配的方式进行练习;(2)设计比赛报名表,由幼儿自由报名,签上自己的名字;(3)报名后,统计大班、中班各多少人参加,分年龄段进行比赛。最后,一场"舞剑比赛"顺利地拉开了序幕。

我们利用群体学习的作用,促进不同年龄段幼儿优势互补。这样既打破了平行班级之间的界限,又跨越了年龄界限,给予幼儿更多选择的机会,大大调动了幼儿参与社团的积极性。在"功夫小子"小社团中,幼儿不仅增强了体质,也懂得了如何关心幼小,照顾、帮助别人。同伴之间彼此影响、互相促进,对幼儿身心健康发展发挥着重要的作用。

(陶玉慧)

武出精彩

3. 从定向内容到想象创造

小社团艺术活动根据幼儿的兴趣、需要和已有的资源,生成了语言类、音乐类、美术类三类小社团活动。在每个小社团活动中,教师都注重幼儿创造力和自主性的发展。

具体来说,教师打破了传统式的活动组织方法,注重提供宽松、自由、民主的活动环境。在自发自主的环境下,幼儿根据自己的艺术兴趣和能力借助于不同的材料进行自由表现与表达。教师鼓励幼儿用不同的方式探索与创造,鼓励幼儿真正成为小社团活动中的探索者、创造者。

<h3 style="text-align:center">我们一起来开舞会吧</h3>

平时，幼儿园的一日活动内容大部分都不是幼儿自己选择的，而小社团却为他们自己决定活动内容提供了机会。

在小社团活动"我们一起来开舞会吧"中，幼儿们兴奋地商议着如何做公主、扮巫婆，用自己独特的方式满怀欣喜地迎接新年舞会的来临。在装扮区，大家各显神通，兴致很高，有的打扮成王子、公主、小白兔，有的打扮成溜冰的企鹅、快乐的小天使……各种各样的角色情不自禁地、自由自在地翩翩起舞起来。在音乐的映衬下，幼儿们舞动着身姿，展示着自己的节日盛装。在这充满生机的舞台上，幼儿们充分体验，感受到了节日的快乐……

（赵妍）

在小社团艺术活动中，每个幼儿都能获得成功的体验，增强了自信心，满足了表达表现和自我实现的需要。

舞会开始啦

4. 从既定安排到主动学习

"自主"是小社团活动赋予幼儿的重要意义所在。在以往的小社团活动中，幼儿常常在教师安排的既定的活动目标、活动内容中被动地学习，缺乏自主性。然而，随着教师观念的转变，现在的小社团活动的各个环节都致力于给予幼儿充分的自主性。例如，在招募活动中，幼儿可以自己选择喜欢的、感兴趣的小社团；在竞选中，幼儿自主竞聘团长；在活动中，幼儿自己设计、组织、主持小社团活动等。

七色花里的奇思妙想

在"七色花"小社团活动中，幼儿们常常出现因为不会操作而将花朵、纸绢花弄得一团糟的情况。在以前，教师会手把手地教幼儿们怎样解决，这是教师观念的问题，教师一直在弱化幼儿们的自主权。其实，幼儿们有自己的想法，他们会利用不同的材料自主探索出和教师预设的不同的东西，教师常常会被幼儿们的奇思妙想折服。"七色花"小社团逐渐被幼儿的自主、独立、探索精神改变。

（李梦蕊）

在这样自主选择的小社团活动中，幼儿不再是拿着教师给的既定钥匙去打开各种活动的锁，而是拥有一把能打开各种锁的万能钥匙，他们去主动探索发现，在尝试中积累经验，在自己喜欢的小社团中、在宽松愉快的教育氛围中获得发展，真正成为一个自主构建、自主创造的主动学习者。

5. 从高结构到低结构

小社团特殊的环境决定了小社团艺术活动低结构的性质：从目标上来看，我们强调幼儿的艺术审美体验及学习品质的培养等；从结构上看，小社团艺术活动发生在中大班混龄的活动情境中，结构更为松散，应摒弃对材料的新颖性、技能技法的独特性的强调，而应重视对艺术本身的审美体验；从幼儿的学习特点来看，小社团艺术活动中的学习成分属于非正规学习的范畴。

小社团艺术活动课程从高结构的活动方式转变为低结构的活动方式，为幼儿提供充足的及功能多元的材料来支持幼儿的自由表达。例如：在"乱打秀"小社团"玩音乐"活动中，幼儿们自主结伴、自主选择乐器、自选音乐；在"我是小演员"小社团中，"我在哪儿，舞台就在哪儿"已经成了小演员们最喜欢的小社团表演状态了。

教师在小社团活动中的角色转变了，以幼儿为主体成为教师的共识。例如，将"小不点玩泥巴"小社团中的"泥巴材料博物馆"升级为"小小博物馆"，将材料的欣赏和互动相结合。一是在"小小博物馆"里，不同材质特点的泥巴原材料和工具按种类、颜色摆放，不仅激发幼儿和材料本身互动，也使材料作为艺术表达媒介，供幼儿整体感知观赏；二是将"小小博物馆"区分了成品陶瓷区、半成品陶泥区、幼儿系列作品展示区三个部分，便于幼儿观察作品和自主表达。又如，在"画画世界"小社团中，正当其他幼儿开始创作波点画时，谦谦大声问："老师，我可以在长城上画波点吗？我想让波点爬到长城上。"其他幼儿的注意力也被谦谦吸引过来，都在等教师的决定。教师稍加思索，给出了谦谦一个肯定的答案，谦谦兴奋地拍手跳着说："哦，我可以在长城上画波点啦，我要让我的波点爬满整个长城，太棒了！"可见，教师在小社团中的角色是为幼儿和艺术活动搭建桥梁，帮助幼儿逐渐学会独立地表达表现。

这里有不一样的长城

（二）小社团艺术活动的价值

幼儿就像花朵，小社团艺术活动就像肥沃的土地，滋养着幼儿们绚丽地绽放。

1. 激励幼儿充分地表达表现

小社团艺术活动灵活、机动、开放、自主，为幼儿提供更自由、更开放的活动形式，激活幼儿的欣赏与表现欲望，真正提升幼儿发现美、表现美、创造美的艺术作品审美能力。

《3—6岁儿童学习与发展指南》中指出，每个儿童的心里都有一颗美的种子，幼儿艺术领域学习的关键在于充分创造条件和机会，让幼儿在大自然和社会文化生活中萌发对美的感受和体验，丰富想象力和创造力，引导幼儿学会用心灵去感受和发现美，用自己的方式去表现和创造美。例如，在"神奇回收站"小社团活动中，幼儿将自己搜集来的各种形状的盒子制作成数字按钮式、天线宝宝式、颈链挂吊式手机时，他们满脸都是自豪的神情。虽然他们的作品还略显粗糙，虽然他们的创造还稍显稚嫩，但这却是他们表达自己的方式，是他们艺术创造的萌芽。

2. 帮助幼儿获得更完整的经验

小社团艺术活动关注幼儿学习与发展的整体性，并尊重幼儿发展的个体差异。

小社团艺术活动不同于以前才艺类的兴趣小组活动，不是单纯的唱歌、跳舞、美术、手工等，而是涉及语言、社会、健康、艺术、科学等各领域内容。在小社团艺术活动中，幼儿把在日常生活中获得的知识经验放置在特定的艺术活动背景中加以整合，使独立的个体经验相互交融，从而不断形成新的经验和体验，对相关事物有了比较完整的认识。

小社团的活动形式不仅能让幼儿接触各种艺术作品，在大胆想象、欣赏、模仿、创造中提升艺术审美能力，也能够让幼儿在主动参与探讨小社团活动的主题内容、尝试策划组织小社团活动的亲身体验中提升沟通交往、协商合作等能力。

3. 促进幼儿个性化发展

在小社团艺术活动中，教师为幼儿提供了宽松、自由、民主的生活环境，鼓励幼儿用不同的方法方式借助不同的材料进行自由表现与表达，使每个幼儿都有成功的体验，增强了幼儿的自信心，满足了幼儿的自我实现的需要，从而使每个幼儿的个性得到发展。

小社团艺术活动是由师幼共同策划、参与的，教师是活动的参与者、协助者、记录者、指导者，幼儿的兴趣、需要、能力是活动的立足点，通过相互合作、解决争议、共同讨论等方式开展活动。因此，幼儿的自主性、主动性和创造性等在最大程度上得到充分发展。

4. 提高幼儿主动学习的能力

小社团艺术活动不强调知识技能的习得，更注重的是幼儿对已有知识经验的重新整合、自主建构、自主创造，帮助幼儿拓展学习途径，积累学习经验，提升学习能力，同时也为同伴间的互相学习提供了可能。

小社团艺术活动还有助于教师更真切地观察和理解幼儿的学习方式和特点，更关注幼儿的学习品质。由于小社团艺术活动是幼儿自主、自发探究的活动，作为活动的主体，幼儿是自主而活跃的，他们往往比在教师规划好的活动中表现得更为主动和真实。这恰恰为教师提供了极好的研究、解读和评价幼儿的机会，教师可以关注幼儿在活动中的参与态度、关注力、目的性、困难应对能力、合作能力等多方面的学习品质，从而思考如何与幼儿互动。

（三）小社团艺术活动的实践

丰富的活动内容、灵活的活动形式离不开教师对小社团的优化与支持。在小社团艺术活动中，教师多维度、多方面、多形式去构建和完善小社团艺术活动课程内容，从师幼、幼幼共生角度，以跨年龄、多体验的组织方式，灵活地开展小社团活动，为幼儿自在的表达提供机会。

1. 聚焦动态与开放，形成多元的小社团艺术活动课程内容

在实践小社团艺术活动课程中，教师追随幼儿，依据对幼儿细致的观察，敏感捕捉幼儿的需要和感兴趣的事物，并对其进行价值判断，使课程寓于过程之中，寓于生成之中，寓于师幼的互动之中，从而达到预设与生成的统一，以促进幼儿更加有效地学习。

（1）师幼共生，构建课程

小社团低结构的活动方式重视幼儿临场的体验，并通过提供充足及功能多元的材料来支持幼儿的自由表达。生成课程符合幼儿的发展需要，能够极大地激发幼儿的好奇心和主动性，使幼儿专注于探索、实践，进而发展其创造力，对于提升幼儿的学习品质具有不可估量的重要作用。小社团艺术活动课程的内容包括"招募""竞选团长""团章制作"等经典活动，以及每个社团结合主题、季节、节日设计的活动，这些内容以菜单的形式进行分类，呈现在《小社团艺术活动课程一览表》（以下简称《一览表》）中。每学期，教师根据《一览表》中的内容撰写学期活动计划，预设课程内容。虽然《一览表》中的课程内容经过了多次筛选调整以贴合幼儿的兴趣，但由于生成性课程的过程性、关系性、创新性和差异性特征，幼儿在小社团中的学习是参与性的。

在实践的过程中，部分骨干教师认为，《一览表》中生成的内容还比较少，需要在活动开展之后才能对其更新。青年教师则表示，因为《一览表》上只有名称，没有具体的活动内容，不太明白这些小社团活动是怎么操作的。

于是，针对《一览表》的修订就这样展开了。我们收集了教师的小社团记录案例，从其中发现了些许的端倪。

"小不点玩泥巴"小社团的新成员

上个学期，"小不点玩泥巴"小社团又增加了新成员——陶泥。由于陶泥没有超轻黏土操作、塑性的简便，因此对幼儿来说，中国传统陶泥的制作是一个不小的挑战。我们在活动室的一角创设了陶泥体验区，粘贴了各种陶瓷的图片、画册，花瓶、茶具、瓷盘这些具有中国传统特色的内容，吸引了许多小团员去体验。由于陶泥偏硬、易干、易裂，小团员们在制作中遇到了不少难题，他们不断地尝试制作花瓶、茶壶，可是屡屡失败，但是他们并没有就此放弃，而是坚持尝试。有的小团员渐渐舍弃了花瓶、茶壶这些难度较大的制作内容，取而代之的是捏自己熟悉的动物、食物等等。直到有一次，梁宝和佳佳把陶泥搓成很多长条，然后将长条围成圈，再把这些圈一个一个叠加起来，做成了一个小花瓶。我们看到了幼儿在制作时的创意，当这样的方法被更多的团员了解，他们会怎么做呢？

小不点玩泥巴

　　经过一个星期，梁宝和佳佳的小花瓶晒干了："我们的花瓶没有裂开！太棒了！"梁宝和佳佳开心极了！既然是一个花瓶，我想：如果能插上鲜花，幼儿们看着这样的作品一定更有成就感。于是，我请他们拿着花瓶让旁边"浪漫花艺"小社团的团员帮忙插上一些鲜花，等他们拿着插好鲜花的花瓶进来的时候，许多团员都被吸引住了。我赶紧让他俩把做花瓶的方法分享给大家，许多团员表示也想做这样的花瓶。

　　在接下来的小社团活动中，越来越多的花瓶出现了，他们甚至还给花瓶上了颜色。团员们对陶泥的兴趣丝毫没有减少，作品也越来越多。

（余洁）

陶泥博物馆

有了上个学期的体验，我们决定放大陶泥体验区，沿着中国陶瓷文化发展的轨迹，让幼儿们从制作陶器向制作瓷器进发。转盘、拍泥桌、拍泥板、喷壶、刻刀、鸡头笔……我们提供了各种专业的器材。这些工具叫什么，怎么用，教师也在学习。我们也请幼儿们在假期去陶泥博物馆体验一下专业的陶泥制作过程，把体验的过程用图片记录下来。

我们把幼儿们的记录展示出来，也让团长们和教师一起收集图片、视频资料，把他们了解到的知识和团员们分享。在观看视频的时候，宋代五大官窑的知识引发了大家的兴趣，什么是冰裂纹？青瓷到底是什么样子的？我们淘来了很多仿品让幼儿欣赏，也请幼儿去上海博物馆看一看，那里有很多古时候留下来的精美的瓷器。

"老师，我们的小社团也有很多陶瓷了，也像一个博物馆呢！""对呀，不如我们一起做一个小小博物馆吧！"就这样，一个属于"小不点玩泥巴"小社团的陶泥博物馆出现了，每个陈列格里都配上一盏小小的手指灯，照亮着每一件"藏品"。幼儿们还用泥巴捏出"陶泥博物馆"的文字，将其粘贴在陈列架的上方。每当小社团活动的时候，大家都会在陶泥博物馆前面驻足一会儿，有的幼儿想伸手去摸一摸"藏品"，这时，会有人站出来说："博物馆里的东西是不能碰的！"

大家在陶泥博物馆里反复地拍泥、做泥，在"小不点玩泥巴"小社团里做一位陶瓷手工匠是这学期大家的兴趣所在。

（鲍云琳）

一起创建陶泥博物馆

上面的案例反映出教师提供全新的材料与内容—幼儿初步体验—形成主题活

动策划这样一个课程内容的形成过程。共同策划的课程内容来自幼儿真实的生活经验、兴趣和问题，选择哪些活动材料，材料如何操作，幼儿都有充分的主动权，从而有效地激发了幼儿在小社团艺术活动课程中的学习热情。

（2）以传统文化滋养艺术教育

我们尝试将传统文化融入到小社团艺术活动课程中。例如，在"我是小演员"小社团中，幼儿们选择了好坑、叫操作性强的皮影戏作为活动内谷之一；"想说就说"小社团则将相声这种传统的语言艺术引入进来；"欢唱派对"小社团的唱单中选取了《茉莉花》《新年好》《中国话》等富有中国独有韵味的歌曲。

再如，在小社团艺术活动课程中，融入荷幼的食育文化，开展"青荷一叶品中华"的系列活动，从中国传统文化中探寻荷幼食育之道，如"小不点玩泥巴"小社团制作青团活动、"七色花"小社团的品茶活动等等。另外，传统节日也是与小社团活动相结合的好机会，如元宵节的"白相集市"活动，小圆桌、红桌布、白汤圆，大红灯笼高高挂，幼儿们围坐在圆桌旁聊一聊节日的习俗，吃一吃可口的汤圆，吃完汤圆再去赏一赏花灯，猜一猜灯谜。

在幼儿园的资源和优势有限的情况下，我们可以探索通过园际或区域性小社团艺术活动课程联动去融入传统文化，实现资源共享，使艺术教育更具持续性和延伸性。

（3）以家长资源丰富艺术活动内容

家长资源是我们不可忽视的重要资源。荷幼有很多有才艺的家长，他们能歌善舞、心灵手巧。如果这些家长能加入到小社团里来，一定会给小社团注入新鲜的血液，让我们的社团活动开展得有声有色。因此，通过自愿报名的方式，我们在各班招募具有各种才艺的家长，如手工制作类、歌唱舞蹈类、乐器类、摄影类等等不同才艺的家长。经过招募，入选的家长就成为小社团的家长志愿者，定期参加小社团艺术活动。家长能从一个新的角度去带动幼儿开展小社团活动，激发幼儿的创造能力。

在一次小社团活动中，"叮咚乐坊"小社团的家长志愿者参与到了活动中。她是一名中学的音乐教师，琵琶弹得非常好，具有非常高的音乐素养。活动当天，她给幼儿们现场弹奏了一首《金蛇狂舞》，幼儿们听得拍手连连。接着，这位志愿者妈妈还邀请小社团的幼儿们用小乐器为自己弹奏的乐曲伴奏，幼儿们跟随着琵琶独奏的曲子，创编不同的节奏型。敲打小乐器还是头一回，所以，他们个个认真无比，积极投入，创意无限。（"'艺'起来家长团海选"数字资源请扫本书二维码）

（张雯）

家长志愿者的加入使小社团的活动更丰富多彩。家长不仅认识到了小社团活动的价值，也体会到自己在小社团活动过程中所扮演的角色。

2. 关注创生与过程，形成灵活的小社团艺术活动课程的实施途径

在"二期课改"理念的引领下，荷幼小社团艺术活动课程的实施途径在不断地丰富和动态调整中。

小社团艺术活动课程的实施途径

主题式艺术活动课程	不同主题小社团活动日	每周一次
	同一主题小社团活动日	每月一次
	各类主题小社团展示周	每学期一次
体验式艺术活动课程	小班幼儿观摩性体验	每周一次
	家长志愿者参与性体验	根据各小社团需要自行决定
	社区儿童互动性体验	每学期一次
延伸式艺术活动课程	同班同龄年级小社团日	两周一次（单周）
	跨班同龄年级小社团日	两周一次（双周）
拓展式艺术活动课程	同类社团联动	每学期二次
	外来社团互动	每学期一次

荷花池里的生命色彩

在原先混班混龄、定点定时进行小社团活动的基础上，通过丰富实施途径，让幼儿共同参与、共同分享各自在小社团活动中的作品成果，增强幼儿的成就感和体验感。

（1）主题式艺术活动课程实施途径

① 传统的小社团活动日

每周四上午的 9 点半到 10 点半，是佾幼雷打不动的小社团活动时间。以幼儿的兴趣为前提，让幼儿自主选择、自由结合、自主探索、自我表达是小社团活动的基本特质。

每当美妙的音乐响起，幼儿们就兴奋地从各个教室出来，一路唱、一路笑，奔向小社团活动室，主动参与探讨小社团活动的主题内容，尝试策划组织小社团活动，在欣赏、探索、表达、创造中提升艺术审美能力、协商合作品质等。

② 各类主题小社团展示周

行进乐队出发

为了增进小社团之间的联动与交流，我们设置了特定的小社团展示周的活动。12 个小社团在一周的时间内分别进行展示，有的以作品展的形式进行，有的以巡演的形式进行，有的以现场展示的形式进行，内容丰富，形式多样，取得良好的效果。

行进乐队今天要在操场上巡演啦！队员们吃完午饭，迅速地换上了神气的制服，手拿乐器，跟着音乐边踏步边演奏。操场上的音乐声引来了很多幼儿前来围观，他们对乐队投去美慕、崇拜的眼神，时不时和乐队中自己班里的同伴打招呼。

伟伟是小社团中比较调皮的幼儿，平

时在小社团活动中经常会注意力分散，参加活动不够投入。每次小社团活动，她最多能坚持参加前半部分的活动，后半部分就很不在状态。今天的行进乐队展示活动，伟伟也参加了。她换上了服装，在乐队中神气地边踏步边演奏。只见她头抬得高高的，胸挺得高高的。整个巡演持续了将近半个小时，伟伟从头到尾认真参与。当有班里的同伴跟她打招呼的时候，她便微微一笑，继续表演。几个来回下来，伟伟的头上冒出了很多汗，有点热，有点累。可是，不管多热、多累，伟伟始终坚持完成今天的巡演任务。

（谢雨卉）

（2）体验式艺术活动课程实施途径

① 多元化的小社团对象

小社团艺术活动课程主要面向的是中大班幼儿，然而在实施过程中我们发现，如果只有中大班的幼儿参与小社团活动，那小社团活动参与的对象就显得比较单一，没有最大限度地发挥好小社团艺术活动课程的影响力。因此，我们扩大了小社团活动参与的对象，让小社团艺术活动课程的参与对象更多元化。我们尝试从小班幼儿参与小社团活动做起，如从小班下学期开始，每次小社团活动都让小班部分幼儿参与。

② 小年龄的小社团体验

在小社团体验过程中，小班的幼儿虽然多以欣赏、观看为主，但是对于他们来说，这也是一次极好的体验小社团活动的机会。小班下学期开始参加小社团活动，有利于避免升入中班后对小社团艺术活动的内容一无所知。

小班加入小社团后，小社团里面的哥哥姐姐非常乐意去照顾这些弟弟妹妹，如带着他们一起活动，帮助在活动中遇到困难的弟弟妹妹。这些小小的行为背后，体现的是幼儿的一种责任意识。

（3）延伸式艺术活动课程实施途径

① 小社团互动显身手

每个幼儿在参与小社团活动时，更多接触到的是其他班级的幼儿，至于同班幼儿参加小社团的情况，互不了解。针对这样的情况，我们增设了两周一次的班级小社团日活动。班级小社团日这天，以班级为单位，教师根据小社团的类型将教室划分为美工区域、表演区域、音乐区域等，幼儿分别进入各个区域，展示自己在小社团中学到的本领。这样一来，同班幼儿之间就有了互动与了解。班里不少胆小、紧张的幼儿在自己熟悉的同伴面前展示本领的时候，渐渐变得大胆自信了，对自己参加的小社团活动内容也更喜欢了。班级小社团日让每个幼儿的艺术表达表现能力得到了发展，提升了幼儿的学习品质。

② 我的小社团我做主

在同伴同龄的班级小社团日的基础上，我们还开展跨班同龄的年级小社团日活动。年级小社团日这天，以年级为单位，教师根据各班教室的布局特点，将 12 个小社团的内容分别布置在各个教室里。同年级的各班幼儿分别根据自己参加的小社团内容，来到相应的区域，参加小社团本领展示与互动。年级小社团日活动两周一次，与班级活动日交叉进行。

跨班同龄的年级小社团日活动让全年级的幼儿成为一个整体，他们通过小社团走在一起，又通过年级小社团日相互了解，彼此认同，相互合作，丰富了小社团活动的形式，提升了幼儿合作的学习品质。

（4）拓展式艺术活动课程实施途径

① 同类小社团，梦幻联动

走出自己的小社团，来到其他小社团，这是小社团艺术活动课程实施途径的一次新尝试，它能提升幼儿参与小社团活动的兴趣，培养幼儿的责任意识。

叮咚童声，大 PK!

"叮咚乐坊"小社团与"超级童声"小社团今天要 PK 联动了，两个小社团的幼儿各自带了一个拿手的节目与对方进行 PK。顺顺是大三班的幼儿，他今天和大三班的其他几个幼儿在一起组成了厨房乐队。在练习的时候，只见他对着其他几个幼儿说："今天，我们一定要拿下这个 PK 赛的第一名哦！等会儿我们上台表演的时候，一定要听好音乐节奏，跟着音乐的节奏来敲。我们每个人敲的节奏最好要不一样，这样才能好听。"琳琳说："我敲的节奏是｜×　××｜××　×｜。"诺诺说："我敲的节奏是｜×××｜××　×｜。"幼儿们七嘴八舌地说着自己准备敲击的节奏。音乐响起，顺顺和其他几个幼儿开始尝试练习演奏。顺顺在练习的过程中不断提醒同组的幼儿："听好音乐，不要越来越快哦。"幼儿们在他的提醒下，似乎有了一些小进步。

　　PK赛开始了，顺顺这一组是第一个上台表演的。只见他们三个人走进厨房，拿起了自己事先想好的厨具，音乐一开始，每个组员的脸上就露出了自信的笑容。当他们演奏完，全场幼儿都给他们送去热烈的掌声。最后，经过大家的投票选择，顺顺这一组果然当之无愧地成为本次PK赛的第一名！当教师准备宣布结果的时候，顺顺紧握小拳头，紧张地听着。当宣布获得第一名的时候，顺顺他们小组高兴地从椅子上蹦了起来！其实，小社团之间联动PK的结果并不重要，而是通过这样的形式，让每个幼儿都更投入地参与到小社团活动中去，提升每个幼儿参与小社团的兴趣度和责任心。

（童佳丽）

"叮咚乐坊"小社团PK"超级童声"小社团

　　② 园外社团，相映成趣

　　除了幼儿园内部小社团的联动外，我们还尝试将外来的中学社团请进幼儿

荷花池里的生命色彩

园，让幼儿欣赏哥哥姐姐们在社团中的精彩表演。

小手拉大手

今天，我们迎来了一群中学学生社团的哥哥姐姐们。他们走进了荷幼的小社团里，和幼儿们共度一段美好的时光。这些多才多艺的哥哥姐姐们来到了"梦幻剧场""舞林大会""叮咚乐坊"和"超级童声"四个小社团。

在"梦幻剧场"小社团，能说会道的哥哥姐姐们瞬间把气氛调动了起来，和幼儿们迅速打成一片。幼儿们在哥哥姐姐的带领下动动手、伸伸腿，小手拉大手玩起了传递游戏，小社团内欢笑声不绝于耳。哥哥姐姐们还和幼儿们玩模仿游戏，他们用声音和动作惟妙惟肖地模仿了各种动物，让幼儿们也体验到了表演的乐趣。

"舞林大会"小社团更是一片热闹非凡，这里不仅有身着芭蕾舞裙的小舞者们，还有身穿各式舞服的大舞者，一群群小舞者在大舞者的陪伴下，学习了基本的舞蹈动作。姐姐们还带来了婀娜多姿的传统舞和充满活力的现代舞，幼儿们都被姐姐的舞姿所吸引，目不转睛地认真欣赏着。

听，是谁在唱歌？在"叮咚乐坊"小社团，哥哥和姐姐带来了组合表演。动人的歌声、动感的吉他演奏让幼儿们掌声不断，而幼儿们也带领哥哥姐姐敲起鼓，共同感受不同乐器的魅力。

来到"超级童声"小社团，哥哥们用小提琴和长笛奏响卡农，幼儿们也表演了拿手的阿卡贝拉，随后大家合作表演《茉莉花》。

今天，"咔嚓拍拍拍"小社团的小摄影师们不请自来忙个不停，他们来来往往穿梭在四个小社团之间，用相机捕捉下最美的瞬间。而"金话筒"小社团的记者们也随机采访来园的哥哥姐姐们，哥哥姐姐们表示都非常喜欢这里的小朋友和每个小社团。

短短的一个小时的社团联动活动接近尾声了，哥哥姐姐和幼儿们汇集在一起共同合唱起来。社团联动活动虽然结束了，但是幼儿们永远记得在这个凉凉的冬日里和哥哥姐姐们度过的美好时光。

　　小手拉大手，在合作交流中感受别样的社团魅力，让小社团活动焕发出了蓬勃生机，提高了小社团的品质。

（唐玉婧）

和大哥哥大姐姐一起社团联动

（四）小社团运行机制的转变

　　小社团艺术活动运行机制主要由四个部分组成：多元选择机制、动态调整机制、内容多方参与优化机制、自然筛选更新机制。

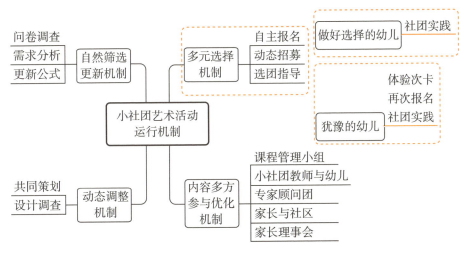

小社团艺术活动运行机制

1. 多元选择机制

由于中大班幼儿年龄较小，他们对文字的辨识度较低，荷幼通过海报展示、集中表演、巡回展演、广告宣传等多元的招募方式，帮助幼儿选择参加哪个小社团。园内建立多元选择机制，保障幼儿的自主选择权，它主要有以下特点。

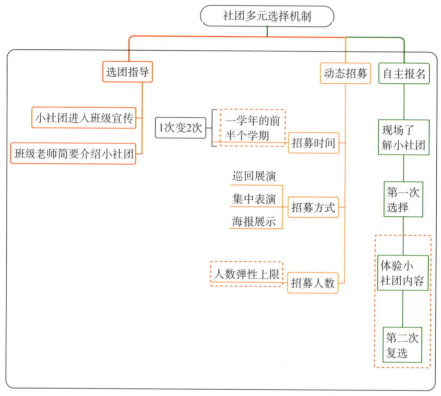

多元选择机制

（1）动态招募

从原来一次性的体验招募机制改变为多次体验的动态招募机制。幼儿不仅可以自主选择小社团，还有二次选择权，拥有更改选择的机会。幼儿可以在再次招募时调整自己的选择，也可以在体验了一到两次小社团活动后调整选择。幼儿有机会根据自己的需求、兴趣重新选择小社团。

（2）体验次卡

每位幼儿可以有三次不同小社团的体验机会。对于选择游移不定的幼儿来说，可以通过三次体验活动最终确定要去的小社团。这样能够让幼儿有充分的选择机会，避免出现小社团紊乱、无序。

（3）先到先得

基于对小社团场所的不同大小、小社团活动特点等因素的考量，小社团教师可以对本社团的人数设定弹性上限，同时根据小社团情况进行中班和大班的人数比例调整，在招募时招满即止。

2. 动态调整机制

幼儿根据自己的意愿参加小社团团长竞选活动。小社团活动由团长主持，根据团员需要和提议，确定小社团活动内容。

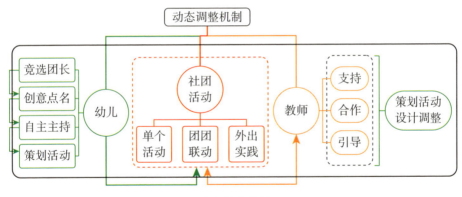

动态调整机制

建立动态调整机制，使小社团艺术活动的整个实施过程呈现动态性与生成性。我们用"策划"代替了"计划"，策划的主体由原来以教师为主体变成以幼儿为主体，教师为幼儿提供有准备的环境与材料，幼儿根据兴趣与需要策划并灵活调整活动内容。

3. 内容多方参与优化机制

建立内容优化机制，明确课程运行各部门的工作职责，以各小社团为单位实施课程方案，幼儿在不断实践中发现问题、解决问题，对课程提出及时反馈意见，并由课程领导小组、家长理事会、专家顾问团对课程修订意见进行审核，完成小社团课程的更新与淘汰。

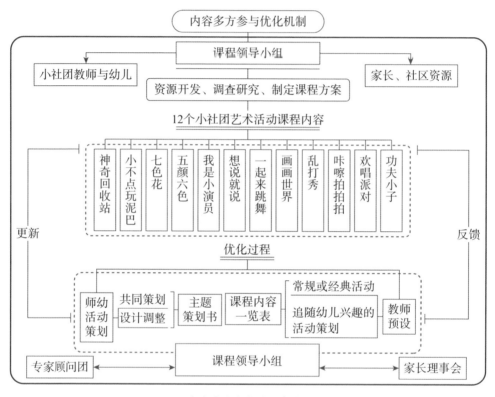

内容多方参与优化机制

4. 自然筛选更新机制

建立自然筛选更新机制。当一个小社团被选择的人数较少时，我们将会考虑对人数少于 10 人的小社团发放"小社团需求调查问卷"，形成"自然筛选分析报告"，由课程领导小组、家长理事会、专家顾问团对分析报告进行审核，并将审核意见进行公示。

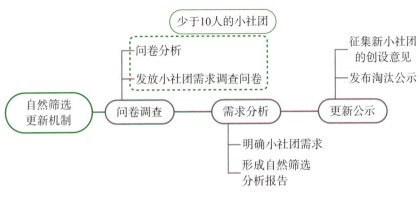

自然筛选更新机制

二、小社团里的故事

　　荷花池里碧绿碧绿的荷叶像一个个圆盘，又像一柄柄大伞，一阵风吹来，荷叶你拉拉我，我扯扯你。水中的小蝌蚪在荷叶下三五成群，穿梭玩耍。幼儿们犹如一只只可爱的小蝌蚪，在荷幼的小社团中大胆地探索创造，展示自我。小社团艺术活动引发着幼儿内在动机和对参加艺术活动的兴趣，幼儿在欣赏体验的基础上运用各种艺术语言大胆地表达、表现。在小社团艺术活动中，发生了许许多多有趣的故事。

（一）"我不演恶毒的皇后"——幼儿是社团的主人
"我不演恶毒的皇后"

　　《白雪公主》故事里的角色都有人演了，现在只剩下皇后没人演。团员们谁也不想演这个虽然美丽但狠毒的角色。余老师问："你们为什么都不要演皇后呀？""因为继母皇后太恶毒了。"幼儿们毫不犹豫地说。"原来是这样，可是没有继母，《白雪公主》的故事就没办法开展了，怎么办呢？"乐乐犹豫了一下，说："那么，我试试吧。"余老师趁机夸张地说："哇哦，现在我们有一个皇后了，下次活动时，将有四组要来抢你一个人了，乐乐，你太重要了。"乐乐开心地点点头，似乎对皇后这个角色有了一定的认同。"皇后这个角色其实很难演的，因为平时你们都不会跟她一样说话，也不会做她的动作，只有本领大的孩子才能把皇后脸上笑眯眯、心里却坏得要命的样子演出来。不相信的话，你们一起试着表演一下。"其他组的幼儿看到我准备模仿皇后，也加入其中，和我一起尝试表演凶狠的皇后。瞧他们一个个吹胡子瞪眼、怒吼的样子，真是可爱至极。最后在我的引导下，大家都要争着做本领大的小演员，"皇后"再也没受到冷落了。

当出现了一个冲突影响到本次甚至以后的表演时，教师可以及时地介入小组讨论，目的不是帮助他们分配角色，而是帮助他们消除对某些角色的排斥。

我们希望团员们在"梦幻剧场"小社团中能自主创编、自主选择、自主制作、自主表演。团员们会就他们感兴趣的故事中的某个场景、某个人物或者自己疑问的画面进行讨论；会围绕剧中角色的分配、对白、动作、出场顺序等进行沟通交流，解决冲突；会共同商量分配任务、设计道具，等等。我们希望，在这样一个有趣的小社团中，幼儿们能够体验到快乐。

（余晓琦）

教师观念的转变是小社团发展的首要一步。在现在的小社团中，我们常常要退一步，让让位，让幼儿们成为活动的主体，自主地把活动内容组织好，先做什么，后做什么，明确活动程序和计划。

（二）从小观众到小演员——小社团评价的变化

从小观众到小演员

今天是"叮咚乐坊"小社团本学期的第三次活动。幼儿们兴高采烈地来到"叮咚乐坊"小社团，在团长的组织下，大家开始了自发组建厨房乐队的活动。没一会儿工夫，幼儿们就三个一组，五个一群，组建起了自己的厨房小乐队，轮流上台为大家表演。

这时，一个人独坐在那里的成成一下子引起了我的注意。成成是这个学期新加入"叮咚乐坊"小社团的中班幼儿。我轻轻走到他身旁问道："成成，你怎么没有和小朋友一起玩厨房乐队啊？"成成看了我一眼，没说话。我接着说："你看，哥哥姐姐们玩得多开心啊！你想切菜、炒菜，还是打蛋？去试试吧，可好玩啦！"成成听到我的话，一脸为难，小声地说："我不是厨师，我是观众。""那你为什么想做观众啊？""因为厨师太难了，我不会。"成成终于道出了心底的真实想法。了解了情况后，我笑着对成成说："没事，你就做观众先看看吧。"

台上的小乐队演出依旧热闹地进行着。我一直在观察成成，渐渐发现，他的状态从毫无表情到微笑专注，再到小手慢慢跟随舞动。我又走到成成旁边，在他身旁轻轻地自言自语："小乐队演奏得真开心！他们想怎么演奏就怎么演奏，看，琳琳（和成成是同一个班级的小朋友）也玩得那么开心啊！"

第一轮演出结束啦，琳琳来到我身边。我问琳琳："琳琳，刚才你玩得开心吗？""开心的。""难不难啊？""不难的，我就跟着音乐炒菜，像娃娃家里做妈妈一样。"我边说话边观察着成成的表情，成成听了琳琳的话，为难的表情开始放松了。我接着说："成成，等会儿琳琳扮演妈妈炒菜，你去扮演爸爸切菜好吗？"成成听了我的话，慢慢点了点头，离开了小观众的位置，和琳琳一起加入了小乐队，开始尝试第一次的演奏。我坐在观众的位置上，给成成送去微笑和鼓励。成成在乐队里从面无表情地跟随，到投入地演奏，已经从小观众蜕变成了一名小演员。

（"厨房音乐会"数字资源请扫本书二维码）

我的思考：

在小社团的不断优化过程中，我作为指导教师，也在不断调整自己的理念与行为。原先我采取的方法是，如果有幼儿不愿意参与到活动中，我会适当引导，鼓励其参加；如果幼儿还是不肯参与，那我会默许他的选择，因为我觉得，看别人活动也是一种参与活动的形式。但是现在，我们的小社团着眼于培养幼儿的学习品质，那我的引导方式就发生了变化。幼儿由于害怕失败，不敢尝试，不愿意坚持参加活动，这对培养幼儿的学习品质是不利的。作为教师，我要采用适当的方法给予引导，如案例中的同伴协助法，让幼儿克服困难，坚持参加小社团活动，培养幼儿坚持的学习品质。

（张雯）

发生在小社团里的故事每天都精彩纷呈,如何对小社团中幼儿进行评价是小社团在发展过程中须待解决的问题。基于幼儿的发展无疑是小社团活动坚定的价值取向,那我们应该怎样评价小社团艺术活动中的幼儿? 教师认同的评价指标从何而来? 怎样的指标既容易被教师理解,又易于被教师操作? 为此,我们聚焦小社团艺术活动中的评价方式,从完善幼儿评价着手,完善活动的实施。

（三）"原始人"指挥家——观察记录的使用

"乱打秀"小社团的"原始人"指挥家

观察对象:童童(副团长,大班)。

学习品质:责任、合作。

实录1:"我就是你们的指挥!"

这一天,"乱打秀"小社团里的几位团员聚在一块儿,轻轻商量着什么。澄澄用鼓棒敲大鼓,发出"咚咚咚"的响声,听到这声音,团员们笑出了声。

一会儿,童童跑过来问我:"我们可以用些衣服和乐器吗?"我回答他:"当然可以。"

只见团员们有的套上了"原始人"服饰,有的戴上了墨镜和帽子,还搬出了大鼓、水鼓、玻璃瓶等乐器。"还缺一些椅子。"童童说,"你去拿厚垫子,再铺上几块丝巾。"他指挥着几位团员,将三块不同花纹的丝巾铺在厚垫子上。

一切材料准备就绪,团员们开始商量谁演奏哪个乐器。童童说:"我是老板,你们都要听我的。"这时,浩浩提出了质疑:"可是乐队里面是没有老板的,那个叫指挥。"童童:"好吧,那我就是你们的指挥,我来布置任务。"

我的思考:

本次小社团活动中,在团员们的共同探索下生成了乐队演奏这一新的活动形式,副团长童童在和几位团员的交流中占据了主导地位。在乐队演奏开始前,童童指挥其他团员去搬一些椅子来;在商量各自演奏乐器的时候,童童担任了乐队的指挥,由他来布置任务。

可以看出，现阶段童童的责任感和合作意识较弱，只关注自己的活动，不太愿意与他人协商。

（张奕蕾）

实录2："你们想要演奏什么乐器呢？"

由五位团员组成的乐队诞生了，这一次的小社团活动，他们又穿戴了"原始人"服饰，童童仍然担任了乐队的指挥。

翔宝："我准备好了，什么时候才能开始演奏呢？"童童："你们先选乐器。"浩浩："我要敲水鼓。"浩浩说着拿起了鼓棒。翔宝："我也想敲这个。"童童："那浩浩先敲一会儿，等会儿你们交换，你先去敲一会儿玻璃瓶。"最后，团员们经过商量各自拿到了一个自己想要演奏的乐器。

童童拿起两根指挥棒说："开始！"指挥棒在他的手中上下舞动，团员们开始了今天的演奏会。

一场演奏结束，童童召集团员一起商量："我们为乐队起个好听的名字吧！""好呀！好呀！"小裴："就叫非洲乐队，你看我们都穿了非洲原始人的衣服。"浩浩："这个名字不酷，有没有听起来厉害一点的？"翔宝："叫'原始人'乐队怎么样？"童童："那就叫'原始人'乐队，我们可以像原始人一样演奏！"

我的思考：

在本次乐队活动中，童童尝试着帮助团员们解决乐器分配的矛盾，也愿意和团员们一起商量乐队的名字。可以看出，童童不再以自我为中心，只想让其他团员配合自己，而是学会了和团员商量，帮助他人。

此次活动中，童童的合作意识有了明显提升，愿意与同班幼儿、教师协商，但分担任务主动性较弱。

（汪律）

"原始人"乐队成立啦

实录3："原始人"乐队训练计划。

这次的小社团活动刚开始，"原始人"乐队就穿戴整齐、准备就绪了。童童的指挥棒挥舞着，团员们演奏着各自的乐器。

听着乐手们此起彼伏的敲击声，童童说："停下！你们敲得太乱了，要看我的手，我开始了，你们一起敲，整齐一点。"

几次训练下来，敲得还是有点乱。浩浩："我看电视里面都是有音乐的，我们能不能来点音乐？"童童："那我去问问老师。"童童找到了我："能给我们放点音乐吗？我们要能够表现非洲大草原的音乐。"于是，我开始播放音乐《你好，非洲》。

"现在，我们有音乐了，你们要跟着节奏一起敲。"童童说。训练开始了，但团员们的演奏还是有点乱，童童停下来说："我们已经进步了，但是还要多加练习，我们再来几遍。"

经过几次训练，演奏整齐多了。这时，童童说道："我想到了一个好方法，你们看着我的指挥棒，我挥一下，你们就敲一下。"听了童童的建议，团员们点头答应，就这样，大家配合着练习了一遍又一遍。

在第三次小社团活动中，"原始人"乐队的原班人马依然聚在了一起，团员们集体演奏的兴致依旧。在乐队中，童童不仅起到了协调团员们的作用，也愿意采纳其他团员的意见。在乐队的训练中，童童真正担任了乐队的指挥，能够根据乐队的演奏问题进行自我反思，并为乐队的进步而努力。

我的思考：

在此次小社团活动中，童童的责任感和合作意识都有了明显的提升，他对自己的角色任务完成情况有清醒的自我意识，并能根据变化进行反思调整。童童也能与一名或多名幼儿持久地进行合作，能从其他人那里获得想法。

在观察记录的三次小社团活动中，从第一次的童童占据主导地位，到最后的团员们互相商量，童童责任和合作的学习品质是有所提升的。

（谢雨卉）

第六话　评价:回归儿童本真

我们的教育要把幼儿带向何方？在艺术滋养中成长的幼儿应该是怎样的？

"我想成为一名建筑师。""我想当警察。""我的梦想是在舞台上跳舞。"……每个幼儿都有梦想，我们的教育就是给予幼儿更自由的发展空间，让其自信表达、大胆交往；提供更开放的活动形式，让其自主学习、敢于表现，获得更完整的经验。

一、伴随评价，树立完整儿童的形象

在"视界，我与孩子共可能"理念之下，课程评价的最大变化是鼓励幼儿进行持续性的自我表征和自我评价，这也是幼儿主动学习发生的标志，而这种自我表征和自我评价的实现很大程度上是依赖教师的引导。例如，在一日活动中，增设了今日晨会、今日总结小环节等，旨在通过师幼的共同回忆、总结、反思，加深对事物的认知。

幼儿成长档案的建立便于教师和幼儿对学习过程、学习状态和认知程度等幼儿关键成长信息的掌握，在这个收集、总结、直观展示的过程中，引发幼儿的反思。

支持幼儿采用多样化的形式表征学习成果，如绘画、视频、语言等多元表达，为丰富认知、引发新的探索提供有力支持。

（一）学习品质评价，满足幼儿终身发展的需求

"小不点玩泥巴"小社团今天有了不一样的精彩。岩岩走到了上次和轩轩一同完成的作品"翼龙家园"前，她一直看着这件作品。我问她："今天还要做恐龙吗？"她说："我觉得还没有做完，但是我不知道还可以做点什么？"

我想，她可能需要一些材料来让她有更多的创意。于是，我指着展示架说："你先把做好的摆在一起，看一看翼龙的家里还少点什么？"她指着旁边的六边形置物架激动地对我说："老师，我想用这个给我的翼龙造一个滑滑梯！"我笑着说：

"那太好了，快去试试吧！"置物架现在不仅仅是用来展示作品的陈列架了。

岩岩找来了绿色的彩泥，置物架有一条斜边，她在斜边上铺上了绿色彩泥，创造出一条坡道，用小刻刀割开一条线，线的两边分别是滑滑梯和软垫。她还把蓝色、粉色的泥搓成长条形铺在绿色泥的上面，一边铺一遍说："这是蓝色的大海，大海边有岩石，岩石边还有滑滑梯，滑滑梯那里有软垫，我的翼龙就生活在这里。"

（鲍云琳，赵芳）

在小社团艺术活动中，岩岩连续两次活动都为了完成同一件作品而付出努力，非常投入地探索，体现了坚持的品质。上一次活动时，她和中班的弟弟合作制作的翼龙家园初具雏形，今天她有了新的创造思路，做出了造型更为丰富的"翼龙家园"。她的创意体现在：她想到借助置物架让翼龙的家变得更大，同时利用六边形的斜边做成滑滑梯，还用深浅不同的绿色表现滑滑梯和草地，设计出了一块小垫子保障翼龙的安全，用蓝色的彩泥做了海洋。

学习品质被提倡与关注，促使我们更理性地思考幼儿学习与发展的要义。在小社团艺术活动中，我们通过自我探索、自主表达与创造，帮助幼儿获得影响其终身发展的重要品质，让幼儿成为主动的学习者。

1. 兴趣、合作、坚持、责任与创造

针对艺术活动中，需要突出哪些学习品质，我们开展了一系列的研究，如"小社团艺术活动课程中提升幼儿学习品质的实践研究""基于证据的小社团艺术活动课程实施方案优化研究""在小社团艺术活动课程中提升3—6岁幼儿学习品质的循证研究"。

研究初期，课题组对"好奇心与兴趣""坚持与注意""主动性"和"创造性"等与艺术活动关联度高的学习品质进行研究，从实证研究的结果中确定了小社团艺术活动课程中幼儿学习品质评价指标——好奇、合作、坚持、责任、创造。

经过前期的文献梳理，我们借鉴了美国芝加哥埃里克森儿童发展研究院的陈杰琦教授等人提出的建桥评价（Bridging Assessment），以及《3—6岁儿童学习与发展指南》专家组制定的《学习品质领域测查量表》①，编制了最初的《荷花池小社团艺术活动学习品质评估表》（以下简称《评估表》）。我们确定了好奇、合作、坚持、责任、创造五个学习品质，每个学习品质下设三个指标，每个指标下又设三个层次不同的水平，对于这三个水平采用五点计分法，对于编码的评分仅在水平1、水平3、水平5进行具体评分描述，水平2、水平4级不做界定。

《评估表》正式投入使用前，课题组采用德尔菲法②，以函件的方式向16位来自华东师范大学、上海师范大学、东北师范大学、上海市教育委员会教学研究室、上海市教育科学研究院的专家征询意见。同时，我们结合园本培训、访谈调查，收集教师实践中的反馈意见，对《评估表》里的指标一一进行推敲、解读和修改，将一级指标"好奇"改成了"兴趣"，新增了每个评价维度的考察点，等等。每份《评估表》评价一名幼儿，分前测、中测、后测对小社团里的幼儿进行评价。

2. 评价工具的数字化设计与应用

我们根据《小社团艺术活动观察记录表》和《小社团艺术活动幼儿学习品质评估表》，与上海理工大学光电信息与计算机工程学院展开合作，开发了App线上评价软件，便于教师在小社团中对幼儿学习品质发展情况进行线上跟踪记录与评价。

该App系统中包括4个不同功能的用户身份。一是小社团教师的用户功能：App系统将观察内容影像化，社团教师可以直接上传凸显幼儿某一学习品质发展的作品或视频，作为评估学习品质发展的资料。根据小社团教师的评分结果，系统自动生成幼儿学习品质发展的数据图表。二是班级教师的用户功能：班级教师可以以班级为单位查看本班级幼儿在12个小社团中的分布情况和活动情况。三是课题组的用户功能：发布公告并分配评价任务，选择以小社团或者班级为单位分别查看幼儿的活动情况和学习品质评价数据。四是家长的用户功能：家长则可

---

① 徐晶晶. 学习品质对5—6岁儿童早期数学能力的影响研究［D］. 上海：华东师范大学，2014.

② 张裕迎. 德尔菲法在教育管理中的应用［J］. 教育导刊，1988（5）：12-16.

以共享小社团教师提供的影像资料，了解幼儿在小社团活动表现，并有一次评论的机会。

美术类小社团中幼儿"合作"品质的评价与提升

一、背景

在每月一次的小社团实践研讨中，芳芳老师提出了一个关于"合作"的问题，引发了美术类小社团教师的共鸣。具体反映在以下两方面：一是"色彩魔法"和"创意画坊"的教师表示，平时的观察记录中大家更喜欢记录幼儿的坚持性和创造性，对于"合作"品质的案例记录比较少；二是"巧手制作"的杜老师发现，团员之间的合作比预想的要少，而且很多幼儿看似在一个小组，但只是自己做自己的，相互之间没有交流。

二、思考

关于小社团中幼儿学习品质的前后测结果表明，在五个学习品质的前后测均值差异比较中，"合作"学习品质的前后测均值差异高于其他四个维度的学习品质。可见，在实践中，并不是所有小社团都促进了幼儿"合作"学习品质的发展。

在美术类小社团中，幼儿经常会三三两两一起，似乎是以合作的形式在活动，但更多的时候，却像是完成流水线上的工序。我们忽略了合作的内在质量，幼儿在看似合作中缺乏相互之间交流碰撞。

三、解决

结合"小不点玩泥巴"小社团的特点和"合作"维度中"互动意愿、协商分担、倾听接纳"三个描述性指标，我们开始探索丰富开放的活动内容和多元灵活的实施途径，从活动主题、活动策略、活动流程循序渐进地对课程进行优化改进，提升幼儿合作品质。

（一）丰富开放的活动内容，提供激发合作的材料与主题

从"小不点玩泥巴"小社团近一学年的活动策划中，可以看出改进的具体内容。

"小不点玩泥巴"小社团策划内容（2017 年 10 月—2018 年 6 月）

活动主题	活动持续时间	内容简介
制作团章	2017 年 10 月 26 日—2017 年 11 月 9 日（两周）	分组制作社团章程。
秋天的树叶	2017 年 11 月 23 日—2017 年 11 月 30 日（一周）	借助树叶进行创意制作。
民俗	2018 年 3 月 21 日（一次）	新增陶泥，制作老北京火锅、中国陶瓷，感受中国传统民俗特点。
陶泥	2018 年 3 月 28 日—2018 年 4 月 12 日（两周）	认识陶泥，了解陶泥的特性，愿意尝试用陶泥制作。
春天的野趣与田园	2018 年 4 月 19 日—2018 年 5 月 17 日（一个月）	发展创意想象，继续通过合作的方式共同用陶泥及黏土表现春天的景色，并生成了"田园"主题内容。
小不点的童话之旅	2018 年 5 月 25 日—2018 年 6 月 24 日（一个月）	用不同种类的泥塑造型表现中外童话人物。

  从上表中可以看出，活动主题与内容结合了季节特征与传统节日，在元宵节大活动中，"小不点玩泥巴"增添了体现传统特色的陶泥。不同于超轻黏土操作、塑性的简便，中国传统陶泥制品的制作更复杂，制作过程中的喷水、拍打、塑性、上釉都需要幼儿们共同完成。跟这种材料相关的活动内容都需要幼儿有合作品质。教师在观察记录小社团艺术活动中注重反思是否能充分引发幼儿合作，发现由于陶泥偏硬、易干、易裂的特点，小团员们在制作中遇到不少难题，但是他们并没有就此放弃，而是共同合作尝试。

  同时，每个新主题的内容都以前几次幼儿在活动中的兴趣与经验为出发点。例如，在"春天"主题之后，教师根据团员们的提议生成了"田园"主题，"田园"主题结束后，"小不点玩泥巴"活动室变成了一片森林花海，好像一个童话仙境。于是，教师利用已有的环境开展了"小不点玩泥巴"的"爱丽丝梦游仙境"大活动，梦幻的童话世界受到了大家的欢迎。

（二）多元灵活的实施途径，拓展便于互动与协商的方法

通过调研与经验梳理，形成了以下几条实施途径：

团长引领式：一个团长带领几位团员活动。

小组主题式：和小团员们一起讨论，选择分组形式开展主题活动。

联动式：主题并行同时与"七色花"小社团展开联动。

区域主题式：根据幼儿感兴趣的陶泥内容，设立专门的陶泥区，形成整个区域的互通轮换。

由于教师意识到了合作的重要性，所以在观察幼儿的活动时，教师会重点考虑"这个行为是合作吗？""这个活动需要合作吗？""这里是不是可以变一变，促进幼儿合作呢？"这些问题。

（二）创造性艺术表现评价，不拘一格的艺术家表达

艺术创作的核心是创造，艺术关注的是审美的创造性作用。

通过对 106 份《小社团艺术活动中幼儿学习品质的观察记录》文本的分析，我们发现，92.13% 的教师能准确判断幼儿学习品质的发展状况，48.96% 的教师缺乏将学习品质发展与艺术自主表达、艺术素养发展之间建立联结的后续策略。于是，课题组基于已有的研究基础和专家意见，重点研读整理了高瞻课程评价系统、美国加利福尼亚州学前预期发展结果评价体系等评估工具，形成了融学习品质与艺术发展为一体的《创造性艺术表现评价指标》（见附件）。

我们把学习品质与艺术创造性表现进行了有效结合，将幼儿的行为习惯、思维方式、情绪情感等方面都纳入到观察框架中，对原先学习品质指标维度中的"创造"进一步细化，形成艺术领域中凸显艺术创造性表达表现的指标。

按照幼儿创造性艺术的探索过程，我们将创造与表演、回应与联结整合成两个阶段，按照过程要素确定观察要点。

我们所要建立的评价需要遵循以下几点：弱化年龄特征，关注幼儿在每一种

指标上连续的发展轨迹；创造性艺术表现的评价不仅能应用在小社团艺术活动课程中，还能迁移到基础性课程中；在评价中可以尝试以艺术过程为支架建构内容体系，并在课程设计中更加关注艺术过程在幼儿参与活动中的作用。

（三）评价有支架，助推教师课程反思的发生

以评促教，以评促发展，这才是评价应该有的姿态。以评价为支架，帮助不同发展阶段教师理解幼儿的行为，促教师进行课程反思。我们对每个艺术过程运用一些关键词语进行描述，还根据不同类别小社团的艺术特点对艺术表现行为进行了筛选、细分，帮助教师厘清创造性艺术表现的具体观察点。

创造性艺术表现行为观察点

小社团类型	艺术表现行为	观察要点	关键词
语言	感受与表达	倾听理解	倾听、听懂、理解、安静
		表现并表达艺术作品，创造性表达艺术想法	表现、讲述
	表演与表现	具有戏剧表演的艺术表现与创造能力	体验、扮演、快乐
美术	创造与表现	探索艺术形式和材料，构思和发展艺术作品	创作、审美
	回应与联结	理解和评估艺术	欣赏、表达
		将艺术想法和作品与个人意义及外部背景联系起来	迁移、关联
音乐	感受与表达	运用多种方式表现艺术	识别、歌唱、创编
	表演与表现	对音乐的态度	喜爱、分享

例如，L 在弹钢琴，他按照歌曲《洗澡》的节奏给自己伴奏，节奏完整准确，但是旋律完全不准确。接着，他用同样的节奏、相同的句式创编了一首新的歌曲："小朋友精神好，什么东西都不怕，暴风雨也不怕，开开心心上学校。我们都是好孩子，什么东西都不怕，开开心心上学校。"教师把他的行为与创造性艺术表现的指标进行了链接，做出了判断：L 能唱出复杂的歌曲，能创编歌词旋律来表达自己的想法，愿意大胆自信地即兴伴奏。

1. 以创造性艺术表现为抓手，架构课程反思框架

以创造性艺术表现为抓手，我们按照课程反思的三阶段（具体经验阶段、观察与分析阶段、重新概括与积极验证阶段）来架构课程反思框架，引导教师进行适切的观察和有目的的思考，从而提高教师的课程反思行动力。我们还确定了不同发展阶段教师的课程反思提升目标。

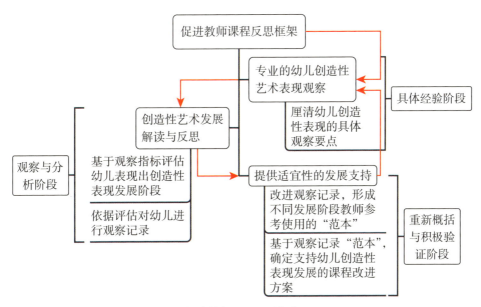

促进教师课程反思框架

2. 解读与反思幼儿的创造性艺术发展，推进实践反思

在这过程中，我们开发了一张卡片式的课程反思清单，方便教师快速提取、对应、记录。它包括三个部分：反思内容、反思方式、反思关键词记录区、反思备注记录区。

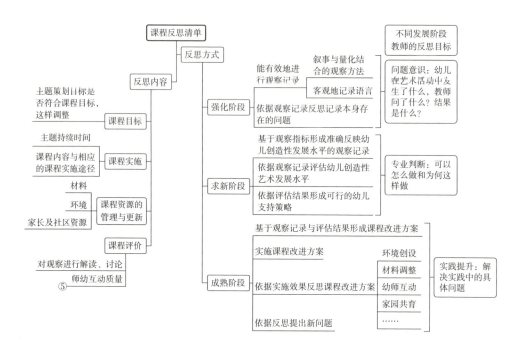

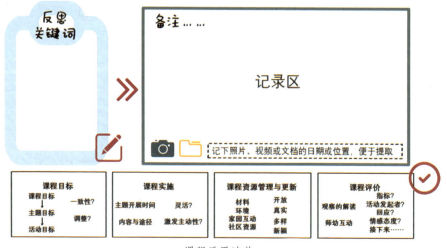

课程反思清单

同时，根据教师的这些反思进行梳理、归类，为之提供适宜性的发展支持，调整、优化支持幼儿创造性艺术表现发展的课程改进方案。

二、青出于蓝，回味幼儿创造性表现

翻开一篇篇观察记录，我们看到了幼儿在同伴与教师陪伴下，在一方艺术空间内，吸收新体验，和音乐共感，和四季共色，享受创作带来的乐趣。

（一）表演欲

用表演欲来形容幼儿们在艺术上的活跃值再恰当不过了。不少幼儿可能一开始兴趣不高，当他们遇到了自己喜爱的乐器、中意的角色，他们的兴趣、创造力随之提升。

我要去表演

桂桂如往常一样，坐在阶梯上眼睛看向四周，没有参与到活动中，旁边的小姑娘大声喊道："老师，桂桂拆我的头发！"我把桂桂拉到我旁边说："桂桂，你坐在我旁边唱吧。"1分钟以后，桂桂绕着教室跑起来，脸上带着微笑，我没有制止他。其他的小团员被他吸引，一个小姑娘去抓他，桂桂跑得更快了。我把两人都拉回来，让桂桂坐在一旁的椅子上，给了他一个话筒。

我们提供了三种不同的话筒，桂桂很好奇，他一个话筒一个话筒拿起来说"喂喂喂"，然后放下。试过所有的话筒后，桂桂选了一个能变声的话筒走到合唱的阶梯上，跟着音乐摆动起来。

欢唱派对巡演要开始了，巡演之前我们和团员们一起练习要表演的曲目，桂桂没有参加，还是在教室的四周跑着。汪老师把他拉过来，让其站在第一排左边第一个，更方便教师关注到他。团长给桂桂发了他喜欢的话筒，随着音乐响起，桂桂跟着音乐律动起来，基本能跟上节奏。听到要去巡演，桂桂说："我要去给鲍老师表演，给中二班的小朋友表演。"来到鲍老师的"小不点玩泥巴"小社团，桂桂面带微笑地演唱，旋律基本准确，他努力地跟上了歌词。

（谢雨卉）

我要去表演

　　桂桂在中二班有个绰号，叫"大王"。在小社团里，桂桂参与活动的兴趣水平很低，基本都是在教室里疯狂地跑着。教师和幼儿们都要打起十二分精神关注这个不太"冷静"的"大王"。

　　但是，教师发现，他会被新的器材吸引。比如，教师提供变声话筒，这让他发现原来声音也很有趣。当拿起话筒，他便关注到音乐，跟着节奏动起来，尝试用话筒这种器材来表现，还能有意识地考虑到音乐的节奏特点。

　　经过一个学期的小社团活动，对于每次练习演唱的歌曲，桂桂明显已经能自然地跟上节奏。当知道要去巡演，他十分兴奋，不停地说着："我要去表演！给鲍老师表演！"巡演到了鲍老师的"小不点玩泥巴"小社团，桂桂走到巡演队伍的最前面，面带微笑地唱起来，虽然歌词还不熟悉，但他不再沉浸在自己的世界中，而是愿意把自己会唱的歌曲唱给熟悉的班主任和同班同学听。

"胡汉三"还是"小羊"

今天开始排"小红军的故事"第一幕,这次是由导演来选角色,小团员们几乎都选择了自己演过的角色,而小瑜坐在位置上看着大家,并没有做出自己的选择。直到所有的选择都结束了,她和另外的四五个小团员都没有角色。我走到她身边问:"你想演哪个角色呀?"小瑜说:"我也不知道。"我说:"第二幕的演员还没选呢,有坏人军官和坏人士兵……"(我模仿一下:"跟着我吃香的、喝辣的,哼哼哼"。)听完,她哈哈哈笑了。果然在第二幕选角色时,她马上选择了"胡汉三"这个角色。只见她双手背在后面,小脸呈45度朝上,表情很严肃,说着:"我胡汉三又回来了,小孩,快点过来!"

这次,导演已经把所有需要扮演的角色都报了一遍,台上站满了做好选择的团员。小瑜还坐在椅子上,看来她还是什么都没选。我问她:"小瑜,你怎么不选呀?你演得那么好啊。"她说:"我想要演小羊呀,怎么还没有报小羊?""那你去问问导演吧。"导演一听,发现确实还有上次出现过的小羊没有选,于是小瑜如愿地扮演了一只一直"咩咩"叫的小羊。

经过几次排练,小团员们对于第一幕、第二幕都比较熟悉了。这次选角色时,小瑜马上举手跟导演要求要演她从来没演过的"王二小",她还跑到我身边来说:"我这次演王二小,下次我还想演小羊,可以吗?"我说:"当然可以了,每个角色都很棒的。"在表演过程中,她有时会忘记台词,但基本上都按照主线演了下来。演得最精彩的地方是,她拿着一把小刀假装在割藤桥时,扮演胡汉三和士兵们的幼儿对着她"开枪"说:"小孩,快点停下来。"她激动地加了一句:"不,我绝对不会停下来的。"这是剧本里没有的台词。

(余晓琦)

小瑜是一个喜欢表达表现、活动参与积极性很高的幼儿,但在小社团活动刚开始时,小瑜参与小社团活动的热情并不高,对于自己要扮演的角色也不太感兴趣。我想,可能是小社团活动的内容还不够吸引她,或者她对角色也不了解。我

129

用剧中"跟着我吃香的、喝辣的，哼哼哼"这句夸张的台词激发她对表演的兴趣，到第二幕时，她决定演一演"胡汉三"这个角色。

第二次小社团排练中，她有了想要表演的角色，通过询问导演如愿出演了她心仪的"小羊"角色，并且全情投入，甚至还加入了一些自己的表演创意。经过几次和小社团同伴的排练之后，小瑜越来越游刃有余，她会主动告诉教师自己的表演意愿和想法。在小社团这个舞台中，她尽情地抒发着自己的表演热情。

（二）提早 5 分钟的小团长

每周小社团活动正式开始前，每个小社团里总有几位幼儿提前 5 分钟进入到小社团里，有的在准备活动材料；有的拿好服装去各个班级提醒小团员更换衣服；有的和教师一起确定活动内容……

这些忙碌的身影是各个社团的小团长。每当学年初招新结束第一次小社团活动的时候，新的小团员们会围坐在一起，共同选出一位小团长和几位副团长，团长们和教师一起组织团员们开展活动。在小团长们的身上，责任、合作品质总是特别容易被捕捉到……

来自团长的摄影指导

场场是"咔嚓拍拍拍"小社团里唯一一位女生。因为是大班的幼儿，她主动竞选了团长。竞选的时候，她说："如果我成为团长，我会带大家拍特写，做老师的小帮手，帮助小朋友一起拍出更多好看的照片。"最终，场场以 8 票的最高票获得了团长职位。

小社团活动开始啦，场场提醒大家换好团服后开始分组，她说："今天我负责拍摄老物件，想要跟着我的小朋友请举手。"她和举手的幼儿一一击掌后带大家到了静物拍摄的地方。场场提醒大家注意找迎光面："不能背光，不然会黑，找光照过来的地方，像这样。"她试着近景拍摄，拍了几张以后，她告诉团员们："可以把镜头放近一点，靠近拍就是特写。"拍了一会儿，场场说："这是很旧的老物件，你们也可以用黑白滤镜拍。"听到团长这么说，中班的幼儿们也想拍出黑白滤镜的照片，但是很多幼儿找不到黑白滤镜。团长一个个帮他们调，还请大班的团员教中班的幼儿怎样切换不同的滤镜。在团长的带领下，幼儿们拍出了黑白、泛黄等不同色调的近景照片。

接下来在"红色主题"的拍摄活动中，场场带着一组幼儿在国旗布景前拍照。有的幼儿忘记带照相机，于是她将组员分为了模特组和摄影组，她把自己的照相机借给其他小朋友，由她担任模特组的指导。她走到布景前摆了一个敬礼的动作，同时提醒摄影组："要记得数一二三再拍。"待中班的弟弟拍好，她走上前看到拍摄的效果后拍着弟弟的肩膀鼓励道："拍得不错呀！"又对模特说："动作也非常神气！"在分享交流时，场场介绍了她们的摄影作品："这是我们拍的国旗照片，是景物照；还有小朋友没带相机，就当模特，和国旗一起拍照，在国旗前敬礼的动作非常神气！"

（盛烨）

"咔嚓"，拍出我们眼中的世界

在小社团活动中，我们总能看见场场带领着一些内向的大班幼儿和中班小年龄的幼儿一起开展活动。她有意识地选择较为简单的拍摄内容，如静物拍摄，还会鼓励同伴。场场也会在拍摄中让同伴学会一些拍摄技巧，如使用不同的滤镜，利用色彩的不同来体现照片的年代感。

可见，作为一名小团长，她不仅有自己的想法，还能将自己的想法传递给同伴，让同伴们都能去探索手中的相机。当同伴没有相机时，她还能帮助他们解决问题。

我可以选激光鼓吗？

小组排练开始前，月月和小社团的团员们商量："我可以选这个激光鼓吗？"大家都同意。于是他选择了中间位置的激光鼓，手握鼓棒，倾听着音乐旋律，跟随着音乐旋律进行演奏。在听到快节奏音乐的时候，他加快自己的速度；在听到慢节奏音乐的时候，他放慢自己的演奏速度；在定格动作的时候，他还想出了一个自己的造型。接着，他又跟大家一起商量队形的变化：是否需要靠拢？在什么音乐的时候靠拢？什么音乐的时候分开？月月俨然是乐队的指挥。

其实，月月就是这个小社团的副团长。今天正式演出开始啦，月月又与同伴一起商量："你们想要怎么表演？这些激光鼓选哪个？"等小团员们选择好后，他来到了剩下的位置，并告诉大家："你们在演奏的时候，小耳朵要听好音乐节奏，注意脸上的表情。"在演奏过后，月月还从严评价了自己小组演出的情况："刚才

激光鼓演出开始啦

我们演奏的声音有点太响,所以我们的耳朵有点听不清音乐的声音了。"

(张雯)

在小社团的活动中,他能仔细地倾听音乐进行演奏,起到了很好的带头作用,其他团员也尝试跟上他的节奏,大家演奏出来的音乐越来越合拍。在小社团的演出中,月月也积极发挥带头作用,在表演的队形变化上、演奏的配合上,月月都积极贡献自己的想法,和团员们交流。

在小社团成立两个月后的一次演出中,作为副团长的月月更是主动承担筹备演出的任务,监控着演奏的过程,他的创造性艺术表现也开始进入"回应与联结"阶段。在小组演出后,他能就小组的演出情况进行简单的评论,谈谈自己的看法,指出不足之处,并提出一些改进的建议。

（三）艺术创想的未完成

艺术创想之美在于过程,在于永远未完成。

将花瓶进行到底

今天,我们将开展小小博物馆系列活动之文物花瓶,幼儿们在观赏了许许多多中国特色的花瓶之后,开始了今天的创作。小朱选择了蓝色的轻泥作为花瓶的主色,他将一块轻泥搓成小圆球,随后在桌上压平后拿着小刀开始把轻泥切成四块方形。由于轻泥和桌面贴合太紧密,导致不能将切割下来的轻泥完整拿起。于是,小朱将桌上的轻泥重新揉成了一团,重复之前的步骤。我提示小朱,工具刀的另一头可以将很薄的泥抬起,这样不易于破坏泥的造型。在我的提示下,小朱尝试着,但是还是不太行,他向我求助:"老师,还是不行,怎么办呢!"我把着小朱的手和他一起将薄片泥抬起,这次成功了。接着,小朱自己将另外三块泥巴成功取下。

这次活动,小朱继续上周没有完成的作品。小朱将方形的轻泥捏成了长条,贴在瓶子上,呈螺旋形,铺满了瓶子。小朱又将多余的长条卷起来,做成花心,在周围用粉色的轻泥围出花瓣。小朱对旁边的女孩说:"我这个是玫瑰花,和你花瓶里的这朵不一样!"

133

荷花池里的生命色彩

在"小小博物馆之青花瓷"活动中，幼儿们搜集了很多有关青花瓷资料，有图片，也有实物。小朱选择了一个小小白色的小花盆，开始了制作。他先将一点轻泥平铺在花盆底部，然后取了一点泥开始揉搓成球后在手心搓成条状，开始围合在花盆周围，最后又取了一部分泥开始搓成条状，分别做成爱心造型贴在了花盆的四个面上。完成了作品后，小朱对我说："老师，你看，我完成了！"我说："你还想要再做一个吗？"小朱点头说："好的！"于是小朱专注于制作花盆青花瓷，做了一个又一个，每一个造型都不一样，最后做了一整套小花盆陈列在小小博物馆展示区。

（余洁）

"小小博物馆"是"小不点玩泥巴"小社团近一年经典的活动，深受幼儿们喜欢。在活动进行过程中，幼儿们利用假期参观了博物馆，搜集了许多富有中国特色的花瓶，通过轻泥制作来创作自己的作品。

创作开始后，小朱似乎有了自己的想法，他有意识地寻找自己需要的蓝色轻泥，之后尝试用不同的方式和工具（小刀）来进行制作。他也遇到了轻泥和桌面粘合太紧无法取下的困难，他先是自己多次尝试无果后，再向教师求助，并且在教师的提醒和帮助下完成了作品。

在花瓶的创作中，小朱已经能熟练地用揉、捏制作花瓶的基础造型，再用螺旋形的花纹表现花瓶的特征。在完成花瓶之后，小朱大胆地将自己制作的玫瑰花介绍给同伴，也收获了同伴的赞美。在青花瓷的制作过程中，小朱根据自己的想法乐此不疲地制作着一个又一个造型独特、花纹迥异的青花瓷花盆。制作完成后，小朱很自豪地将自己的作品展示在"小不点玩泥巴博物馆"中。他的创造与表现整体呈现出较高的水平。

坚持完成作品

在绘制金山农民画活动中，小恬选择和两个同伴一起创作一幅作品，他们选择了 20 厘米 ×30 厘米大小的画板。小恬用蓝色颜料涂底色，用绿色画大树，用白色颜料画房子的墙，用黑色颜料画房子的屋顶，用淡蓝色画小河，来表现金山农民画的特点。但小恬对如何构图不是很清楚，更多的是在同伴的协商下分配到任务再进行涂色。她对涂色有着浓厚的兴趣，喜欢颜色的堆叠，也比较喜欢与同伴一起互动交流涂色的方法以及涂的位置。由于颜料的堆叠需要一次次晾干后再能进行细节的刻画，因此一幅作品需要多次才能完成，小恬能有耐心地坚持完成。

（施丹）

在绘制金山农民画活动中，小恬表现出了对涂色的兴趣，她用一些鲜艳的色彩和图案来表现金山农民画的一些特点。由于金山农民画作品需要多次才能完成，小恬每一次小社团活动都会继续上一次未完成的画作，直到完成为止，体现出她的执着和坚持的学习品质。

走上上海大舞台的孩子

"大家好，我是大二班的萱萱，我今天竞选的职位是团长。我性格开朗……"上面这段自信的发言来自大二班的萱萱，她的竞选宣言真实而活泼，最终她以8票高票当选"欢唱派对"小社团的团长。

说起萱萱，幼儿园中的教职员工几乎都赞不绝口。在办公室，经常能听到大二班的王老师赞扬萱萱："我们萱萱真是我的好帮手，管理小朋友很有一套，帮我减轻了很多负担。""我们萱萱故事讲得很生动，面部表情和肢体动作都很到位，其他小朋友都听得津津有味。"早晨在园门口，总能看见萱萱热情地和老师及保安叔叔们打招呼。晚上放学时，也能看见萱萱热情地和老师及保安叔叔挥手再见。在上下楼梯遇到老师或者保育员阿姨时，萱萱也会热情地和他们打招呼。因此，说萱萱是整个幼儿园最出名的孩子也不为过。

可谁能想到，在小班时，这个热情开朗的萱萱是一位不善于表达自己、有些害羞内向的孩子。萱萱的家长了解到萱萱在幼儿园的表现后，也想了很多办法，但作用都不大。这时，萱萱的奶奶提出让萱萱参加唱诗班，在唱诗班的练习与表演中锻炼萱萱。此后，每周萱萱的奶奶都陪伴孙女参加唱诗班的活动。可能是出于对音乐的喜爱，每周萱萱都很期待去参加唱诗班的活动。在唱诗班中，萱萱也逐渐与其他幼儿熟络起来，交流也逐渐多了。在中班上学期时，萱萱自己向爸爸妈妈提出了想学习钢琴的想法，她说："我看到唱诗班的老师弹钢琴，真好听，我也想弹。"看到孩子对音乐的热情,对钢琴的向往,尽管钢琴价格昂贵,尽管家庭收入并不高,但萱萱的爸爸妈妈还是尽己所能为萱萱买了一台二手钢琴。

钢琴买回家的第一天,萱萱就兴致勃勃地弹了起来,此后便一发不可收拾。每天从幼儿园回家,萱萱都会先坐到钢琴前练一小时钢琴,从不间断。萱萱的爸爸妈妈和爷爷奶奶也尽量做到每次萱萱弹琴都至少有一人陪伴在萱萱身边,他们相信对孩子的陪伴就是对孩子最好的支持。慢慢地,从几个音符,到一段连贯的乐曲,再到完整的乐曲,萱萱的进步每日可见。在唱诗班中,萱萱越来越自信,在活动的间隙,她还会弹奏乐曲给同伴听,与当初刚进唱诗班时那个内向害羞的萱萱判若两人。

更可喜的是,萱萱也把这份自信带进了班级中,她开始主动向同伴发出游戏邀请或者主动询问同伴自己能否加入游戏。在"欢唱派对"小社团的活动中,萱萱更是如鱼得水,她甜美的歌声,高超的琴技经常能引起同伴的赞叹。小社团的教师也给予了萱萱充分展示自己的舞台,让她的音乐才艺可以在小社团中得到充分的展现。班主任老师也尽可能给予萱萱展示自己的机会,如在"六一"儿童节在合唱表演活动中,会鼓励萱萱与自己四手连弹或是独自伴奏。在一次次的表演中,萱萱收获了越来越多的掌声,自信与开朗渐渐成为了她的新特点。到了中班下学期,萱萱已经是其他幼儿学习的榜样,也成为了教师的好帮手。

(童佳丽)

今年的萱萱已经是一名刚刚参加完中考的准高中生了,萱萱走上了上海大剧院的舞台,参演了《音乐之声》的全球巡演。在台下观看萱萱的演出,我们都为她感到欣喜自豪。萱萱的音乐之声还在继续,我们期待着萱萱在国际舞台上有更多精彩的演出……

在小社团里,幼儿们用心演绎音乐、舞蹈,精心制作美术作品,反复排练话剧与表演,他们用自己喜爱的方式唱出歌曲,展现线与色的韵律、平与仄的语言,表现出难尽其数的奇思妙想。

"青,取之于蓝而胜于蓝。"愿小小艺术家们今日胜昨日,越来越好!

第三讲
幼儿园里的艺术生活

荷花池畔，泉水叮咚奏鸣。孩子们在荷花池畔畅游，感受生活中的"童画之美"和"艺境之美"。他们把自己真实看到的，真心体验到的，真切感受到的，用他们喜欢的方式热情表达、自信展现、大胆创造……

第七话　爱上幼儿园的色彩

　　走进荷花池幼儿园，无论是大厅、走廊、教室，还是不经意间路过的小角落，都是美丽且富有意境的，这里的每一处细节无一不体现着教师的巧妙心思。与艺术大师对话、与艺术作品对话，小而精致的荷花池幼儿园在教师、幼儿、家长的合力打造之下，真正诠释了什么是方寸之美。

　　幼儿园环境的创意设计与布置意在回归幼儿教育的本源，带领幼儿在荷花池畔畅游，唤醒幼儿的自主生长之力，感受生活中的"童画之美""艺境之美"。

一、校园里的"童画之美"

（一）奇妙的波点世界

　　"我们生活在一个充满着圆形的世界里，地球也不过是好多好多圆点中的一个。"

——日本当代艺术家　草间弥生

　　圆是幼儿在生活中经常关注的一个形状和符号。在草间弥生的笔下，一个个圆好像有了自己的生命。幼儿对许多圆集结在一起的波点艺术产生了极大的兴趣，他们观察、欣赏并尝试创作，创造出了一个个奇妙的波点世界，在波点世界里能感受到重复的规律和动态的时尚美感。

　　幼儿眼中的世界是神奇的、五彩斑斓的，每一次创作都蕴藏着无限的奇思妙想，勾勒出一个又一个美

穿上波点新衣的南瓜变得美丽而有趣

好的童话!

（二）博物馆奇妙日

仿佛走进动物博物馆一般，大型的立体动物伫立在白墙之上。再走近一些，幼儿的作品跃然眼前。这里是自然与幼儿共同谱写的艺术乐章，热情、生动而富有感染力。

走廊上有趣的幼儿作品

一份灵动，些许活泼，可爱的动物无论何时都能唤起人们内心深处最纯真的孩子气。

（三）生机盎然的绿色家园

大自然生机勃勃，充满希望；绿色充满力量，朝气蓬勃……

幼儿用让人惊喜的创意表达呈现绿色家园、绿色幼儿园，一派生机盎然的景象绽放在大家眼前。

1. 温馨家园

公共过道里，白墙与绿意交织。绿色的颜料在幼儿手中变幻无穷，墨绿、翠绿、草绿……绿色造就树林，造就草地。绿色边上，各种材料制成的"绿色小屋"与"树林""草地"交相辉映。

白墙与绿意交织在一起

2. 活力幼儿园

瞧，这是可爱的孩子！幼儿手绘的小脑袋搭配上绿色植物"头发"，孩子的形象俏皮生动。边上的铁艺置物架上，是幼儿与家长共同制作的"幼儿园"。瞧，这位"小女孩儿"似乎正在欢迎人们去有趣、活力四射的幼儿园参观呢！

欢迎来参观充满活力的幼儿园

（四）我和我的幼儿园

幼儿园里，有欢乐的回忆和暖心的相遇。有幼儿喜爱的游戏，有亲爱的老师和朋友，有各种各样玩耍的地方，还有好吃的美味。走遍每一处，能更深刻地感受到荷花池幼儿园的魅力。

1. 我爱我的幼儿园，我和朋友在一起

在幼儿园里，幼儿会交到许多朋友。和好朋友一起玩，成为幼儿在幼儿园的乐事之一。拉着好朋友的手一起玩颜料，小刷子蘸上红的、黄的、粉的、绿的颜料，接着在铅画纸上小心地、稳稳地印上不同的形状。这些大大小小的五彩印迹，剪下后再用彩纸和丝带一扎，一束漂亮的"鲜花"就出现了。

和朋友一起画画

2. 我爱我的幼儿园，这里有美味的食物

幼儿园里，午餐和点心让幼儿印象深刻。"我爱吃肉""我最喜欢吃胡萝卜""甜甜的汤圆味道可好啦"，幼儿一边说着，一边把自己爱吃的食物画了下来。

每月临近吃自助餐的那几天，幼儿会饶有兴趣地向教师发问："我们什么时候吃自助餐？""吃自助餐是这个星期吗？"各式各样的美味经过厨师叔叔的精心烹饪和摆盘，看了真是让人食指大动，幼儿都十分喜欢。

3. 我爱我的幼儿园，这里有好玩的操场

每一天的运动时间是幼儿十分期待的，每当教师说："准备一下，我们一会儿要去操场运动啦。"幼儿的欢呼声就震耳欲聋。

每天，相似的场景都会出现，可见幼儿对操场的热爱。幼儿用自己的画笔，画下自己心目中那块让人流连忘返的场地，那里有滑滑梯，有爬网，还有各种各样的球类运动呢！

4. 我爱我的幼儿园，房子真漂亮

幼儿园里的建筑不多，每位幼儿对幼儿园的建筑都有自己的想法。在纸盒上刷上自己喜欢的颜料，加工各式各样的纸张，做成自己喜欢的造型贴在纸盒上，最后用一些大大小小的纽扣来装饰

透明卷筒里是幼儿画的操场

这座"小房子"。把幼儿制作的小房子组合在一起，用搭建、堆叠的手法再加工，最终呈现为幼儿园的"大房子"。

5. 我爱我的幼儿园，这里有好多可爱的人

在幼儿喜欢的幼儿园里，当然还有幼儿喜欢的人，有好朋友，还有老师，包括自己班级的老师和小社团的老师们。当幼儿心里有了可爱的人，幼儿园才更有吸引力。

每个幼儿心里可爱的人有谁呢？他或者她在幼儿心中是什么样的？幼儿在粉色或红色的纸上画出自己心目中可爱的人，还让"他们"住进"大房子"里。

6. 我爱我的幼儿园，这里有美丽的花园

幼儿园里的植物品种可丰富了，在不同的季节还有不同的鲜花会盛开。春天有白玉兰、广玉兰、樱花、郁金香，夏天有荷花，秋天有菊花，冬天还有梅花。在幼儿园的四季里，每一季都有惊喜。

美丽鲜花环绕的校园，也成为幼儿爱上幼儿园的理由之一。

　　幼儿选用各色的黏土，想象着自己喜欢的花朵的造型，搓一搓，揉一揉，压一压，贴一贴，制作成一朵朵鲜艳的"永生花"。黏土做成的花朵放在晶莹的水晶球里，变成幼儿的美丽回忆。

7. 嗨，欢迎来到我的幼儿园

　　在这个贴满了孩子们大头照的相框里，每一张可爱的笑脸都仿佛在说："我在这里，我在这里，欢迎来到我的幼儿园，我在这里很开心哦。"

　　幼儿甜美的笑脸无一不宣告着对幼儿园的依恋。是呢！这是他们的幼儿园，他们在这里生活，在这里游戏。这里，是属于他们的地方。

嗨，欢迎来我的幼儿园

二、发现荷花池的"艺境之美"

（一）有文化底蕴的意境美

　　走近幼儿园的荷花池，满眼青荷。一池碧水泛起微波，碧叶繁花悠然而立，清新优雅，菡萏飘香，清澈的喷泉如水晶般梦幻纯洁，荷花池畔，泉水叮咚奏鸣。幼儿在这里扬起希望的风帆，在艺术的世界里乘风破浪。

荷花池一隅

　　莲花起舞漫婀娜，一笺清浅入芳华。幼儿行走在荷叶造型的舞台上，仿佛置身于翠绿的荷叶丛中；交错的黑白琴键孕育出不同的美妙音乐，婉转悠扬，如细水长流，如惊涛拍岸。幼儿在"荷叶"上停步驻留，徜徉在音乐的海洋中，跟随旋律旖旎轻舞，恰似朵朵出水芙蓉。

荷叶造型的舞台及舞台上的钢琴

　　春风轻拂，绿色轻点草坪竹林，杨柳依依，玉兰瓣如玉片，蕊似黄鹅，一树光明。凭窗而望，嫣红姹紫，一重又一重富有生命力的色彩与荷幼的"小苗苗们"争相闪耀。稍留意，一个个荷叶标示映入眼帘，这是幼儿嬉戏的玩伴和指引，它们挺直的身姿像是高举的手臂，坚韧有力。

（二）充满生命力的自然美

　　在幼儿的眼中，自然角不应只是观赏性的存在，而是来源生活、回归自然的魅力展现。春天的豆芽、夏天的蝉鸣、秋天的菊花、冬天的腊梅，在荷幼的环境中，随着季节的更替、幼儿探索主题的变化，环境也在自然而然发生变化。

　　自然角是幼儿认识世界的一扇窗，是幼儿亲近自然的最好途径。荷幼教师用心去发现、用心去创建，让自然角这扇窗的风景引人入胜，吸引幼儿走进绿色而富有生机的自然。

美丽迷人的自然角

（三）主题式童话的生活美

幼儿使用的盥洗室打破班级界限，在大胆的艺术创想下，盥洗室环境已然成为幼儿园艺术教育的一部分。幼儿在盥洗室中也能享受到美。荷幼尊重幼儿的个体需求，支持幼儿在自主、自觉、自由的空间里积极主动地成为生活的主人，感受被尊重的快乐。

"奇幻森林""甜蜜之旅""海洋世界"分别是三个楼层的盥洗室环境创设的主题。每个楼层的盥洗室在教师的精心创设下凸显不同的特色。

一楼盥洗室用大量的玩偶装点墙面与环境，表现出小班幼儿的童真与稚嫩。

二楼盥洗室聚焦幼儿的童趣与幻想，"哪吒闹海""白雪公主""狮子王"，三个故事主题呈现三种色调，将男孩的冒险、女孩的幻想、大自然的奇妙留在墙面上，每天陪伴着中班幼儿。

三楼是大班幼儿的天地，盥洗室环境呈现出生动的知识画面，讲述环境保护、节约用水的故事。

　　盥洗室里，艺术和生活融为一体。在美的环境中，幼儿欣赏美、创造美的能力不断提升。

故事主题盥洗室

环保主题盥洗室

（四）教育过程中的痕迹美

幼儿园的每个角落、每一面墙都具有教育意义，环境是会说话的"老师"。荷幼在教育过程中倡导"关注每一个儿童的生活世界"，在幼儿生活与幼儿园环境之间建立广泛的联系，让环境和幼儿"对话"，让环境向幼儿传递艺术感悟，支持幼儿的发展。环境已经成为荷幼课程中不容忽视的一部分，成为荷幼园所文化的重要组成部分。

教师将幼儿画的橘子、柿子和水果篮等进行裁切和折叠后，张贴在墙上；还将幼儿自己动手剥橘子、闻橘子等探索过程的照片展示出来，幼儿可以取下照片仔细观看，也可以装饰照片。

过程记录虽然不如作品展示那般有趣，但是更加具有意义。幼儿在主题活动过程中有大量的活动前思考、活动中探索和活动后的成果。荷幼的教师耐心记录下幼儿在主题活动中的思考和经验获得过程。

主题"苹果和橘子"的活动痕迹

吃是幼儿最喜欢的也是最感兴趣的。在主题"好吃的食物"中，幼儿既得到了心理上的满足，同时又获得了许多知识。从"果干大探秘"到"食物金字塔"，从"我爱吃什么"到"美食排行榜"，从"米面对决"到"节约粮食"，教师真正地把主题墙交还到幼儿的手中，回归幼儿的生活。

主题"好吃的食物"的活动痕迹

大班的幼儿都很关注植物角里的小蘑菇。"蘑菇怎么会从木头里长出来？""蘑菇会开花结果吗？""黑木耳也是蘑菇吗？"在主题"有用的植物"中，教师引导幼儿观察、照顾植物角的蘑菇，并鼓励幼儿用不同的方式记录蘑菇的生长过程。绘本《一园青菜成了精》的分享，更是激起了大班幼儿的种植愿望。

荷幼的教师站在儿童的立场，从幼儿那里收集问题，直观呈现相关问题，并

荷花池里的生命色彩

把幼儿的个体经验通过环境创设梳理成集体经验，活动开展的痕迹呈现出教师的教育智慧和幼儿的学习过程中。

主题"有用的植物"的活动痕迹

第八话　生活是一种眼光

一个在生活中懂得发现美、挖掘美的孩子，才会享受生活的乐趣，在平淡的生活中保持希望，勇于面对不同的挑战。艺术熏陶能帮助幼儿开拓视野，发现生活中的美，拥有一双发现美的眼睛。

在幼儿园的一日生活中，幼儿的健康是最为重要的。怎样以一种自然、愉悦、轻松又美的方式，让幼儿养成健康的生活习惯、塑造健康的身体，是荷幼一直以来的追求。在荷幼，通过艺术的环境创设、富有美感的生活品质教育，幼儿更加主动地养成良好的生活习惯，以获得更全面的发展。

一、当美食遇见艺术

美食是陪伴，

是爱孩子最好的表达。

味道里都是满足，

藏着深深的爱。

美食的味道，

艺术的摆盘，

幸福的味道，

从心底里流淌出来的爱，

附着在美食上，

再到孩子们的舌尖上。

一年四季，一日三餐，餐餐不可辜负。荷幼用心做好每一餐，为幼儿的健康保驾护航。幼儿用餐时身处极具艺术感的餐厅，盘中美食赏心悦目，既饱眼福，也饱口福，用餐过程拥有良好的艺术氛围。美食的艺术不仅拉近人与人的距离，也让幼儿享受艺术和美食结合的魅力。

荷花池里的生命色彩

　　美食讲究色香味俱全，在膳食科学营养的基础上，幼儿园的大厨们变换各种烹饪手法，同种食品制作成不同的口味。如豆腐干有蜜汁的、盐水的、茄汁的、五香的，鸡有红烧的、清蒸的、葱爆的、沙茶的等等，让人垂涎欲滴，食欲大开。每月一次的自助餐更是让幼儿翘首企盼，大厨能将一句古诗变成一道佳肴，每个节气呈现不同的菜品，美食与艺术完美结合，幼儿能享受到视觉和味觉的盛宴。此外，每周还有"青荷早茶"的特别活动。

（一）囡囡的"青荷早茶"

　　荷幼的孩子从中班开始，就在上午的点心时间开展自我服务，挑选自己喜欢的点心，倒上一杯暖暖的牛奶，和三两同伴一起聊天、用点心，生活充满着惬意与温暖。

青荷早茶真美味

　　"小主播，我们想吃上海小吃，我奶奶说橘红糕很好吃，我们青荷早茶能吃这个吗？""小主播，上海小吃里有小麻花，我想吃！"孩子们正在和今天"青荷早茶"的"小主播"桐桐讨论着，桐桐认真记录下同伴们的愿望，不一会儿，图夹文的"青荷早茶点心单"完工了。"我把你们想吃的美食拿去给保健周老师看一下哦！"说完，桐桐就拿着点心愿望清单来到了保健室。"周老师，这是我们的青荷早茶点心愿望清单，麻烦您帮我们看看，下周我们想吃上海小吃！"

"今天是星期五，我穿了上次说好的黄色衣服来参加青荷早茶！""我的衣服袖子是黄色的！""今天的点心有没有橘红糕、小麻花？""哇，我们的愿望都实现啦，今天都是我们上周讨论的点心！"富有传统特色的点心映入孩子们的眼帘，水墨画纸伞映衬着脆脆的小麻花、糯糯的橘红糕、脆脆的蟹壳黄等小吃，幼儿开始依次排队用小盘子选取自己喜欢的小吃。"这个糯糯的橘红糕可真甜，原来这么美味啊，你也去尝尝吧！""我第一次品尝小麻花呢，甜甜的，脆脆的，好好吃！""上海小吃可真多，我要介绍好朋友一起来品尝！""小主播，下次我们能品尝和这次不一样的上海小吃吗？""当然可以，你们可以画到愿望清单里！"幼儿对于上海传统美食的兴趣越来越浓厚，在优美的环境中他们感受着上海的饮食文化。

（严华英）

"青荷早茶"是自助用点心的创新，幼儿在富有传统特色的优美环境中享受特色点心。中大班幼儿的自理能力和劳动能力明显提高，而且喜欢参加劳动，愿意做力所能及的事情。在点心时间，他们自己倒牛奶，自己选座位，一切都是自助式的。

荷幼把上海传统美食渗透到幼儿的一日生活当中，按照季节、节气、传统节日，调整"青荷早茶"的糕点。保健老师还根据时令，请大厨们烹饪营养、美味的饮品。在这段时间里，教师把空间完全交予幼儿，幼儿自己动手，自我服务，享受美好的时光。

（二）舌尖上的荷幼

在幼儿园里吃上一顿创意满满的自助餐，会是怎样一种有趣的体验呢？

这个月的自助餐主题是"迎春饺子宴"，吃饺子有喜庆团圆和吉祥如意的含义。

"哇，这是金鱼饺啊，真的像一条条小金鱼，好可爱！""饺子里藏着虾仁，怎么那么美味呀！这跟我平时吃的虾仁不一样，太好吃了！我要再去品尝一个！""我感觉这个是鱼肉饺子，竟然没有鱼刺！""大厨肯定把鱼刺去掉了！""这种鱼肉饺子我喜欢，不怕鱼刺卡喉咙！"幼儿开心地品尝各式各样的饺子。

原来，大厨在每日巡查时，默默记录下了孩子们的心声，把孩子们不愿意接受的食材"隐藏"起来，烹饪成了口味佳、易于被幼儿接受的美食。

（严华英）

"舌尖上的荷幼"旨在让幼儿快乐地接受每一种食物，达到均衡营养的目的。荷幼一直遵照"营养、科学、均衡"的原则，结合四季气候的变化及幼儿身体发育特点，从营养和抗疾病两个角度出发制订营养食谱。如春天，大厨烹饪了八道美味春菜，幼儿围坐在一起，念一念古诗，尝一尝各式各样的春菜，感受舌尖上的浓浓春味。在这个过程中，幼儿既摄取了营养，又感受了传统文化的丰富内涵和无穷魅力。

舌尖上的荷幼让人食指大动

中国的饮食文化源远流长，为了让幼儿了解祖国各地的饮食文化，从小培养民族自豪感和爱国主义情感，荷幼从中国传统美食、好听的菜品名称、巧变的食材等维度将中国饮食文化渗透在幼儿的一日生活中，让美食遇见艺术，使得幼儿愿意吃，吃得香，吃得快乐。

除此之外，教师还结合各个节日帮助幼儿深入了解饮食文化，如端午的"粽子节"、中秋的"月饼节"等。至于生日餐,是专门为当天过生日的幼儿提供长寿面;点餐日则是通过调查了解,在特定的时间内供应幼儿喜爱的那些菜肴,让幼儿像成人一样享受点餐的乐趣。"荷幼美食周"时,幼儿园还会推出一些不同国家和地区的特色美食,如寿司、咖喱饭、炸薯条、通心粉等,让幼儿在品尝美食的同时也感受不同国家和地区的餐饮文化。

在幼儿园品尝"八大菜系"

二、当礼仪遇见艺术

清晨，幼儿蹦蹦跳跳走进校门，"老师早""老师好"，银铃般的笑声回荡在校园上空。在教室里，在活动室，在操场上……教师面带微笑迎接幼儿的到来，送上一声声甜甜的"小朋友早"。潜移默化中，幼儿养成了主动问好、主动道别的行为习惯。

（一）宝贝的美好"食"光

在"美好'食'光，'味'你而来"主题活动中，孩子们在欣赏耳熟能详的古诗、有趣的礼仪故事、好玩的进餐礼仪游戏中，从入座、餐具使用、用餐过程中的文明礼仪入手，培养文明用餐的好习惯。孩子们自选座位，自助式选用餐具，在保持愉悦情绪的同时，学习了解"粒粒皆辛苦""一粥一饭当思来之不易"，懂得要珍惜粮食，勤俭节约。

午餐时，孩子们纷纷走进餐厅。"今天你和谁一起午餐呀？""快来，我们的座位今天是在这里哦！"好朋友们坐在了一起。孩子们的午餐座位，不是固定不变的，也不是老师指定的，那是如何安排的呢？当然是孩子们。每天，在每一间教室里，孩子都会和同伴一起商量午餐的就餐座位。午餐，是孩子们每天期待的一件事情！老师把自主权还给孩子，让孩子在轻松的用餐氛围中培养自我服务能力和文明的进餐习惯。良好的进餐环境不仅是物质环境上的美观、便利，还包括心理环境上的轻松、愉快。

餐前，孩子们排队拿取托盘，摆放碗筷。餐后，他们自己处理餐后垃圾，自己托着托盘把用过的碗筷收归在一起。行走的礼仪也渗透在这个过程中，孩子们慢慢走，轻轻放，整个午餐环境既整洁又安静，孩子们十分享受这样的用餐过程，还培养了责任心。文明进餐、快乐进餐一直是我们所倡导的，我们努力提升幼儿的用餐礼仪和用餐品质。

（严华英）

通过体验式活动，培养幼儿良好的生活习惯和文明的用餐礼仪；使得幼儿热爱生活，学会从生活中发现乐趣；初步了解世界各国有不同的文化习俗。

学习用餐礼仪

（二）向往的小学

大班的孩子即将升入小学。实地参观过小学之后，他们对小学生活十分向往，还在教室里主动创设了"快乐小学"游戏区域。孩子们扮演老师、学生等不同的角色，模仿不同角色间的交往方式，从中了解社会交往的行为准则和方式方法，学会一些初步的交往技巧，如怎样礼貌称呼不同的人，怎样请求别人的帮助，怎样礼貌地向人询问，怎样与人商量交谈等。这天，扮演教师的六六正戴着眼镜认真地读着儿歌，康康在桌子边扭来扭去，一会儿趴着，一会儿说话，一会儿脚跷起来。六六生气地说："康康，上课要坐好，怎么能一直动来动去呢？小学生上课要遵守课堂纪律，尊重老师！"康康听了"老师"的教导，就坐直了。不一会儿，游戏结束，六六和康康一起去盥洗室，康康这次再也没有像往常那样跑来跑去，插在同伴前面，而是耐心地排队洗手。六六不停地夸奖："你们看呀，今天康康真乖，像个小学生了！"安安静静排队等候的康康露出了喜悦的笑容。幼儿就是在你来我往的游戏中，学习着交往技巧，体验着成功交往的愉悦。教师在日常活动中经常提醒幼儿观察与游戏内容相关的社会场景，引导幼儿了解社会行为规范和交往礼仪，提供各种相应角色的游戏材料，在游戏中设计相关的游戏情节，为幼儿的发展提供支持。

（严华英）

幼小衔接始终贯穿在幼儿园三年的生活中，大班幼儿更是对小学生活充满了憧憬与向往。在与同伴的社会交往中，幼儿的社交能力逐渐提高。游戏是幼儿喜欢的活动，通过游戏幼儿不但提高了社交能力，而且能学着理解行为背后的意义。特别是在角色游戏中，幼儿在扮演角色的过程中，尝试进入他人角色并体验他人的情感和经验，从而再反思自己的行为。幼儿在游戏中，情感、认知与行为在反复的实践积累中得到内化，最终形成稳定的礼仪习惯和交往技能，明白任何事情的顺利进行需要大家共同协商、共同合作。

（三）起床"小音箱"

卡卡是个热情、爱唱歌的孩子。每次来园离园，总能听到他热情爽朗的招呼声："严老师早！笑笑老师早！项项阿姨早！"但他午睡时，总喜欢唱歌："是谁敲着窗户，沙沙沙沙沙……"卡卡沉浸在自己的音乐世界里，隔壁的云云被吵得睡不着："卡卡，你能不能别唱了？我想睡觉！""卡卡，现在不是唱歌的时间！"可是卡卡还是沉醉在歌声中，我只能轻轻走过去，拍拍他："卡卡，你的歌声真好听。可现在是午睡时间，你这样大声唱歌会影响其他小伙伴哦！"卡卡抬头看了看周围，小伙伴们都在拼命点头。卡卡害羞地低下了头，嘟囔着："可我喜欢唱歌……""卡卡，午睡需要安静，你可以在起床时用歌声叫醒大家。你说呢？""嗯，好的！"卡卡愉快地接受这个建议。起床时间到啦，卡卡美妙的歌声唤醒了熟睡的同伴。大家边穿衣服边聆听着卡卡动听的歌声，十分高兴。以后，卡卡午睡时再也没有影响别人，喜欢唱歌的卡卡知道这是对他

爱唱歌的卡卡

人的礼貌和尊重。

（严华英）

荷幼的礼仪教育蕴含在生活的各个方面，礼仪教育在生活中习得，再应用于生活。幼儿来园、离园时能主动向教师、保育员鞠躬打招呼；能友好地和同伴相处；能安静入睡，不影响他人睡眠等。虽然生活是无法精确计划的，但是可以进行日复一日的积累，长期规划有助于幼儿在日积月累的过程中养成良好的礼仪。

三、生活里邂逅音乐

荷幼的校园中处处充满着音乐的元素，音乐一直围绕在幼儿的身边。将生活教育置于艺术的氛围中，才能更好地实现艺术教育渗透在幼儿一日生活中的价值，使幼儿在熟悉的生活情境中感受音乐，在轻松愉悦的音乐氛围中享受生活，健康成长。

（一）时时都是音乐时光

荷幼的一日生活中贯穿着音乐。小班新生刚入园的时候，我们就在各个生活环节准备了不同的乐曲。将近一年的实践中，我们发现每当弹奏或播放莫扎特的《小星星变奏曲》时，幼儿就能很快跟着音乐唱唱跳跳起来，欢快而柔和的旋律提醒幼儿去上厕所、去洗手、去喝水。莫扎特的魅力再一次在幼儿的生活中得到印证。于是，我们尝试在午睡起床穿衣的环节播放莫扎特的《D大调双钢琴奏鸣曲》，竟然真的能让幼儿的动作快一点。当我们穿梭在小床之间帮一些幼儿穿衣服、扣扣子的时候，转头发现不少孩子已经上完厕所、洗好手等着从卧室出发了！

（颜菁）

音乐是幼儿表达情感、反映他们对世界认知的重要艺术形式之一。音乐对于幼儿身心和谐、健康发展具有重要意义。教师在一日生活中用心挖掘音乐元素，在幼儿生活的每一个环节里都留下了艺术的痕迹。

可爱的小鼓手

（二）播种音乐的种子

幼儿运动游戏时播放的音乐，也是老师深思熟虑后才使用的。新入园的小班新生第一次来到幼儿园的大操场时，有的孩子感到十分有趣，马上快乐地投入运动游戏中；也有些孩子表现出警惕、害怕，会悄悄地站在我的身边拉住我的衣角。我们在运动的音乐上动起了心思，尝试利用三段式的音乐来引起孩子的注意和运动兴趣：第一段音乐选择了活泼、欢快的《兔子跳跳跳》，我鼓励孩子跟着歌词"兔子跳跳跳"做蹦跳的动作；第二段音乐则选择了比较轻快的音乐《宝宝的笑容》，音乐旋律传递着宝宝们的欢笑声，孩子们伴随着音乐的旋律欢快地运动着；第三段选择了比较舒缓的音乐，此时孩子们帮助老师整理运动器械，跟着老师一起做放松动作，在运动游戏和之后的早操间起到过渡作用。

音乐源自生活，又给幼儿的生活带来美的享受和丰厚的情感体验。走路的脚步声、流水的声音，都是幼儿音乐教育的宝贵资源，也是幼儿初步接触音乐的重要载体。教师只要有一双善于发现的眼睛和一对善于倾听的耳朵，认真抓住幼儿的兴趣和需要，就能发现与幼儿生活相关的音乐元素。一日生活中，盥洗占用相当一部分时间，由于疫情的影响，幼儿学会正确洗手更是生活环节中的重中之重，我用自编的儿歌"一滴小水珠滴答滴答，手心搓搓；两滴小水珠滴答滴答，手背搓搓……"搭配着水龙头的流水声和音乐声，使得孩子用"七步洗手法"洗手的兴趣更高了。

（李筠）

荷幼的教师将艺术的种子播撒在幼儿的心田，并精心浇灌。教师坚持课程游戏化改革的理念，不断设计丰富多彩的音乐游戏活动，深度挖掘生活中的音乐元素，努力构建与实施游戏化课程，进而促进幼儿全面发展。

爱音乐的孩子们

第九话　在游戏中寻找美

荷幼的孩子热爱探索，有着富有趣味的生命活力，以及独特的艺术表现力。"像艺术家一样生活"已然融入他们的日常。

德国教育家福禄贝尔认为，儿童是在游戏、梦想、童话、自发的跳跃和歌唱中生活的。游戏是愉快的，会带来积极的情绪体验，游戏是幼儿自动自发的主体性活动，游戏中藏着幼儿最为天然的表达。

一、越自然，越美丽

法国文学家罗曼·罗兰曾说："自然，常会孕育美好的心灵。"苏联教育家苏霍姆林斯基也认为，对周围世界的美的感受，能够陶冶学生的情操，使他们变得更高尚、更文雅，更富有同情心，憎恶丑行。人的成长离不开大自然，且大自然有孕育美的能力。荷幼的教师引着幼儿走向自然，感受自然，涵养对美的欣赏和理解。

（一）户外游戏中的美

在托班的二楼有一片郁郁葱葱的草地，那是托班的孩子们在户外游戏时的场地。艺术是幼儿发现美、表现美的重要途径，我们在青青草地上也播下了美的种子。

1. 空中音乐花园

在户外玩音乐，我们不仅将小乐器摆放到户外，而且创设了富有美感的"小花园"。"小花朵""蜂巢"是很特别的打击乐器，孩子们可以用鼓槌敲打，让它们

在大自然中唱一首春天的歌

发出好听的声音。我们还在围栏上绑上了五颜六色的小玻璃瓶，瓶子里装上不同量的水，敲击时发出的声音各不相同。孩子们在这里开起了音乐派对。

2. 寻找自然的色彩

大自然是最好的美育课堂，一草一木都是孩子游戏的素材。我们尝试将自然环境与生活环境联系起来，在圆形和方形的透明罐子里放了黄色、绿色、褐色的叶子，还放了小石头、小树枝等，让幼儿可以近距离观察不同季节自然物的变化。他们还可以打开罐子，将自然物取出，粘贴在色谱中，和好朋友说说"我找到的颜色"。幼儿在了解自然的同时，感受并体悟大自然的美，培养对大自然的喜爱之情。

寻找大自然中的色彩

3. 创意玩色

托班的孩子喜欢用不同的工具摆弄颜料，进行初步的艺术表现。在尊重幼

儿个体差异的前提下，我
们提供了各类拓印工具、喷
壶、大小不同的刷子等，让
孩子们在透明塑料板上自
由创作。孩子们还可以利
用树叶、花朵等自然物进行
拓印。

（唐玉婧）

爱上自然的色彩

（二）树叶里的四季

孩子们感受着树叶变化与季节变换的关系，试着发现大自然里蕴藏的奥秘。

他们发挥无限的创意，使得落叶成为一件件充满生机的艺术作品。孩子们在
大自然中创作美、表达美，真切感受大自然的魅力。

（徐嘉）

好大的"落叶雨"

二、有音乐就有歌声和舞蹈

荷幼有一群爱唱、爱跳、爱演的孩子，他们是自信的艺术欣赏者和艺术创造者。在游戏时间里，他们尽情表达，美不胜收。

翩翩起舞的"蝴蝶仙子"

（一）蓝牙模式里的音乐小达人

柔柔是一名大班幼儿，她活泼开朗，热情大方。游戏时间，柔柔呼朋唤友，张罗着"儿童小剧场"。一切准备就绪后，她急急匆匆跑到老师身边，老师默契地把自己的手机递给她。随着"蓝牙模式连接成功"的语音声，柔柔点开音乐库，挑选并播放大家喜欢的乐曲。精彩的舞蹈演出、歌唱表演马上就要开始了，"儿童小剧场"将迎来许多观众。

（余洁　谢雨卉）

165

（二）从"小舞台"到"商业中心"

1. 无人问津的"小舞台"有观众啦

游戏开始啦，孩子们以最快的速度赶去自己感兴趣的游戏区域。妞妞和萱萱动作慢，见"有利地形"全被占满了，便来到"小舞台"处，摆弄起小乐器。

一天，两天，三天……这个"小舞台"连着几天都无人问津。两个女孩无所事事，坐在小椅子上观看其他孩子的游戏。

"你们想唱歌吗？会唱什么歌？"说着，我递给她们两个蓝牙话筒，并开始播放孩子们很熟悉的早操歌曲《有你就幸福》。

两个女孩并排站着，小声跟唱了起来，不一会儿，娃娃家的"爸爸"就带着"儿子"来看表演啦。

2. 哪里有音乐，哪里就有舞蹈

今天游戏时，妞妞、萱萱、一涵三个好朋友仍然选择了"小舞台"。打扮了一番后，一涵开始报幕，宣告演出即将开始。当音乐声响起时，妞妞和萱萱就大声唱起歌来，偶尔还加上一些简单的舞蹈动作。

"一二三四五六七八，二二三四五六七八"，原来，这是果冻跟着"小舞台"的音乐旋律，喊着节拍在教阳阳芭蕾舞的基本动作。"小舞台"的隔壁开起了"舞蹈教室"，女孩们纷纷当起了老师，有的教芭蕾、有的教街舞、有的教爵士舞……

我计划着在下次游戏前，要添放大泡沫垫、彩色纱巾、舞蹈练功服、民族舞服装等材料。

3. "舞蹈教室"成了"商业中心"

孩子们对"舞蹈教室"的兴趣越来越浓厚，这天，全班28个孩子里竟有12个孩子在"舞蹈教室"开展游戏。他们有的做保安、有的做老师、有的做收银员、有的拍照、有的管服装、有的做服务员、有的做厨师……娃娃家的"妈妈"领着"宝宝"来上舞蹈课，"宝宝"和"老师"面对面坐在泡沫垫上，"老师"教得认真，"宝宝"学得认真，下课后"老师"还不忘向"妈妈"汇报："今天宝宝上课挺好的，回去要复习，下节课要拍视频的。"

瞧，这就是音乐的魅力所在。孩子们天生就是艺术家，一首欢快的歌曲、一个小小的麦克风就能开启幼儿的艺术旅程。

（赵安逸）

（三）跟我摇摆

每天都会有不同的孩子来"小舞台"表演节目。只要音乐一响起来，孩子们就会自发来到"小舞台"观赏节目。

在"小舞台"上，除了唱歌，孩子们还会跟着音乐自由律动。即使有些音乐是第一次播放，孩子们也毫不怯场，会跟着音乐的节奏和旋律摇摆，用肢体表达自己对音乐的理解。在这一过程中，孩子们的音乐感知力和音乐表达力自然而然得到了发展。

（李梦蕊）

在"小舞台"走秀

（四）"小戏骨"

游戏开始啦，孩子们一边忙着梳妆打扮，一边商量着今天上演哪出剧目。

"赵老师，你来看表演吧！"叮当拉着我往"小舞台"的方向走去，把我安顿在"观众席"后嘱咐道："我们的表演马上就开始，你在这里等一下。"说着，她拿起挂在耳朵上的积木对讲机，催促"演员们"加快动作。

"好了好了。"接着，叮当跑上舞台，"大家好，请把手机关静音，接下来我们要演《灰姑娘》，开始！从前，有个美丽的人，名字叫灰姑娘……"原来，叮当还有念旁白的任务。瞧，她声音响亮、落落大方。

不一会儿，大家发现没人演灰姑娘的坏姐姐，就在你推我搡之时，叮当挺身而出:"哎呀,没时间了,我来演吧。"只见刚刚还笑盈盈地念着旁白的叮当猛地岔开双脚,一手叉腰一手指着正在扫地的"灰姑娘",抬高眉毛,瞪大双眼,大声吼道:"你不能去舞会!你好好打扫吧!扫不干净不给你吃饭!"叮当投入的神态和语气,赢得了观众的一片掌声,我也不禁赞叹连连。

叮当,你可真不愧是"小戏骨"。

(赵安逸)

三、自由地沉浸在艺术中

如何使每个孩子的个性与才能得以全面自由地发展,使其表现出顽强的生命力?康德强调"自由的游戏",艺术是通往自由的绝佳途径,自由中又能迸发更具生命力的艺术。荷幼的孩子在游戏中自由探索,艺术悄然渗透到每一个孩子的心中。

自由地徜徉在艺术中

(一)水的声音

水有什么声音呢?在荷幼孩子的心中,水声是植物角里用水壶浇灌植物的声音,是荷花池畔的喷泉声,是打水仗时水枪喷射的声音……

那天,我们刚学唱歌曲《春雨沙沙》,孩子们都很喜欢它朗朗上口的曲调,自由活动时总飘来孩子们哼唱这首歌曲的声音。

下午，沙水游戏时，小糯米一边拿起水瓶把水倒在沙子上，一边哼唱着："沙沙沙，沙沙沙，下雨啦！"一旁的小玉米听到了，笑着对她说："你这个倒水的声音不是沙沙沙，是汩汩汩，哪里像下雨的声音啊？"小糯米听了，换了一个浇水壶试了试，说："这个声音比较像下雨了。可是这也不是沙沙沙，这是哗啦啦，是下大雨了！"说着，她拿起浇水壶，一边浇水一边唱："大雨，大雨，哗啦啦，哗啦啦……下大雨啦！"

在荷幼孩子们的心中，水的声音有很多很多种，每种都不一样。在音乐游戏"水乐坊"里，孩子们跟着音乐的节奏和情境，用不同的水声来配乐，大水桶里的水声汹涌澎湃，像海浪的声音；小喷壶发出的声音温柔细腻，像润物细无声的春雨……生活中和自然界中的水声被赋予了各种美妙的意义，处处充满着艺术之美。

（董依钒）

听听水的声音

（二）积木的艺术可能

1. 初相识

这天，教室建构区角里又多了一个拼插积木区域，还布置有"动物园"主题的作品。几个孩子欣喜地在这个区域内尝试拼搭不同的动物造型，拼搭完成后，孩子们用自己的作品和同伴玩起了"动物朋友""动物叫声"的游戏。

几天后，阳阳注意到活动区域内的平板电脑里也有和动物相关的游戏。在平板电脑的游戏中，孩子们发现，当火车经过铺有彩色感应块的位置时，会发出不同的动物叫声；于是，他们试着先根据感应块记录对应的动物叫声，之后又在用积木拼搭的动物中选出相应的动物。

随着孩子们对积木的操作越发熟练，我逐渐把积木投放到了教室的各个角落……

积木里乐趣无限

2. 积木实现造型自由

今天下午的一项活动是制作风车，孩子们用不同颜色的彩纸制作自己的小风车。嬛嬛、兜兜、小太阳、涵涵几个孩子最先完成了风车，于是他们在一旁自由活动起来。涵涵提议想要搭积木，于是我拿来了一些积木块，孩子们便自由拼搭起来。在拼搭的过程中，女孩们提出要选用蓝色和白色的积木块搭一个冰雪世界中的魔法风车。最终，她们完成了一个蓝白相间的风车，玩起了"冰雪世界"的游戏。

3. 积木实现表演自由

孩子们已经能够完整地演唱《我们一同握手》，因此在这次活动中我尝试让孩子选用不同的乐器，在乐器的伴奏下演唱《我们一同握手》。

有孩子提出，积木也可以拼搭沙锤。真是好想法！我接着问孩子们积木还能拼搭出什么乐器，孩子们说出了很多答案，而且跃跃欲试。

在之后的活动中，孩子们有的拼搭乐器、有的拼搭节奏谱来演唱，以不同的形式满足自己的表演需求。

在荷幼，小小的积木也能被注入艺术的灵感，让幼儿在游戏中自由表现美、创造美。

（许煜）

第十话　艺术表达无极限

童心、童真、童趣，连接在一起，表达出每一个孩子的天真烂漫。

荷幼的教师带着热忱和智慧观察、解读每一个幼儿，并鼓励幼儿把自己真实看到的、真心体验到的、真切感受到的，用他所喜欢的方式发挥创意、大胆表现、展现自我。看幼儿所看、想幼儿所想，荷幼教师正在走进童心世界，用"视界，我与孩子共可能"的课程理念去探索充满无限可能的儿童未来。

欢笑的童年

一、乘着歌声的翅膀

每天清晨，幼儿随着音乐旋律，怀着向往，开始新的一天。音乐是幼儿园生活的一部分，幼儿乘着歌声的翅膀，翱翔在欢乐与自信的童年时光中。

（一）"我们都是老演员啦"

2021 年 2 月，接到上海教育电视台的邀请，荷幼的孩子即将带着自己的节目"上海哈嗲"走向电视荧屏这个舞台。穿上炫目的演出服，画上漂亮的舞台妆，孩子们精神抖擞地来到舞台候场。

电视台的叔叔阿姨被孩子们的笑声吸引过来，看着只到自己腰间高的孩子要上电视舞台，他们不由关心地说道："小朋友们，上台别紧张，叔叔阿姨会给你们掌声的。"孩子们忙说："谢谢，我们会表演好的。"柔柔更是大声地说："放心放心，我们可是老演员，一点儿不紧张。""老演员？"叔叔阿姨们顿时笑了出来，"太棒了，老演员们，祝你们演出成功！"果然，演出一次通过，得到了所有导演、观众的认可。

（余洁）

小演员是"老演员"

幼儿园三年里，幼儿在班级中、在社团里有无数次上台表演的机会，小演员们早已经是一位位自信的"老演员"啦。

幼儿看似在每天的游戏中玩耍，其实他们一直在学习，学习如何上台，学习如何走步，学习如何亮相，学习怎样把好看的动作配上合适的节拍，学习怎样和同伴合作……荷幼的教师用儿童的视角靠近幼儿，用敏锐的眼光观察幼儿，用教育的智慧支持幼儿，让幼儿做自己真正感兴趣的事，使其获得身心上的满足，获得美育的熏陶，最终促进幼儿身心全面发展。

（二）"虫儿"飞上大舞台

伊伊坐在钢琴前弹奏自己新学的曲子《虫儿飞》，不一会儿就吸引了许多小伙伴。大家站在钢琴边摇头晃脑地跟着琴声哼唱起来，很是投入。老师看到后，就策划了集体活动《虫儿飞》。悠扬的琴声响起，弹琴的是伊伊。他拿出老师提供的歌词图卡，带着大家读读唱唱，几遍便让孩子们记住了歌词。在老师的引导下，大家又尝试用齐唱、领唱、对唱的形式唱响《虫儿飞》。集体活动结束后，所有的孩子依然想唱这首歌。于是，集体活动后的个别化学习活动中，在老师的支持下，孩子们搭建了三个"小舞台"，有弹琴唱歌的，有敲打乐器唱歌的，还有边唱边跳舞的，孩子们的热情得到尽情释放。不久，迎新联欢活动启动，表演什么节目呢？孩子们不约而同地回答道："我们想演唱《虫儿飞》！"看，孩子们站在大大的舞台上唱着自己喜爱的歌，他们是如此幸福与快乐。

（余洁）

孩子们想唱就唱的愿望能得以快速实现，源自教师对幼儿的关注与理解，教师知道幼儿想要什么，并用行动来追随与支持。站在属于自己的舞台上，唱着自己心中的歌，感受发自内心的欢乐，这种酣畅淋漓给予幼儿自信和自豪。

（三）热闹的"刷子舞会"

在中班主题"常见的工具"活动中，我和孩子们一起收集了许多工具，其中，刷子是孩子们最熟悉的工具。"洗刷刷专卖店"的创意应运而生。

1. 从"一起来捣蛋"到"一起来打扫"

起初，孩子们拿着各种刷子东刷刷西刷刷，玩闹的成分更多。我安慰自己，他们也许可以在"捣蛋"中感受各种刷子的特点和刷毛的软硬。那怎样让他们玩得更带劲？音乐！我提供了一台小音响。有了音乐以后，孩子们瞬间成了热爱生活、充满生活情趣的"清洁工"，合着音乐的节奏"一起来打扫"。我仿佛看到了20年后这群快乐的青年干着家务哼着小曲儿，享受幸福生活的样子。这不就是艺术教育的目的吗？让艺术回归幼儿的本真，让艺术滋养孩子的一生。

2. 从"一起来打扫"到"一起来做家务操"

鉴于孩子们的兴趣，我和孩子自然而然地把这些有力的、有节奏的动作创编成了一套"室内家务操"，遇到雨天或者自由活动的时候，我们班的孩子们都会高高兴兴地跳一遍"室内家务操"，有时一天里他们要跳上好几遍。为什么他们这么喜欢这套操？只因这套操来源于他们的兴趣。

3. 从"一起来做家务操"到"一起来开'刷子舞会'"

那么，除了开心，"洗刷刷专卖店"还有其他价值吗？我再次沉思：幼儿园的教育不是简单地满足孩子快乐的需求，而是要在孩子快乐的同时促进每一个孩子的发展。拿着刷子听着相同的音乐，反复地律动，这样的行为能持久吗？挑战还可以更大吗？我希望让每一个孩子有更多体验美和感受美的机会，在表达表现中发挥出更多的创意，创造力得以发挥，想象力得以释放。

我开始大胆地拓展和创新，引导孩子们仔细观察刷子在洗刷过程中的各种动态，把自己想象成一把把会舞动的刷子，开启热闹的"刷子舞会"。小锅刷的旋转舞、除尘宝的扭扭舞、洗车刷的摇摆舞，孩子们的动作自然纯朴，出神入化。

（赵妍）

一日生活皆课程。教师在预设的课程中捕捉到幼儿迸发的兴趣，在轻松愉悦的氛围中，根据幼儿的兴趣生成创意活动，让教学活动更加地百花齐放，多姿多彩。

（四）厨房里的演奏家

平时，孩子们热衷于模仿厨师，我就试着把音乐节奏训练活动放入一个有趣的场景"烧番茄炒蛋"中，让每个孩子在切番茄、打鸡蛋、炒菜的轻松氛围中，即兴创编各种节奏。活动中，我还和孩子一起即兴改编了歌曲《扮家家》，我们将中间念白的歌词做了进一步的丰富，变成了：

打鸡 蛋	打鸡 蛋	哒哒哒 哒哒	哒哒 哒
切番 茄	切番 茄	切切 切	切切 切
炒小 菜	炒小 菜	炒 炒	炒炒 炒

　　每个"小厨师"创编的节奏都不一样，如此，一首首满载童趣的新歌便从孩子们的口中诞生了！

（童佳丽）

　　以艺术为载体，充分挖掘幼儿的兴趣与生活经验，整合主题核心经验，创新设计教学活动。在这些有趣、新颖的原创艺术活动中，教师鼓励幼儿大胆探索艺术的多种表达方法，享受艺术表现的快乐，最终实现荷幼"求知多问的学习品质、求新多思的探索精神、求助多援的合作能力、求异多样的表达方式"的课程目标。

勇于展现自我的孩子

（五）烧菜也疯狂

　　我们班级有许多不爱吃蔬菜的孩子，怎么办？那就让孩子化身为蔬菜，跳一支"蔬菜舞"吧。孩子们在集体韵律活动"炒菜"中随着音乐做出翻锅、颠锅、晃锅等身体动作，大家玩得不亦乐乎。

　　在活动第三个环节，我邀请一位孩子指挥大家跳"蔬菜舞"。一直不爱舞蹈的翎翎这次居然把手举得高高的，我立刻激动地请他来做小指挥。翎翎做小指挥，把手举得高高地，用力挥动，却始终没有合上节拍。我灵机一动，挥动手中的铃鼓，又请来了乐感极佳的小伙伴上来助阵，3 个乐句后，翊翊成功稳住了节奏，赢得了大家的掌声。

活动结束了，但"小厨师们"却依旧热情不减，听到音乐响起，就会随音乐舞动起来。孩子们还爱上了吃蔬菜。

（赵安逸）

一个活动让幼儿爱上了蔬菜。热爱音乐和热爱健康联系在一起，一次敏锐捕捉后的生成活动实现了教育的有效链接。一个活动让一个不爱舞蹈的孩子"疯狂"起来，音乐的激励、教师技术性的支持让翊翊迸发舞蹈的热情。即使站在舞台上的他那么稚嫩，但教师却用一双温柔而明亮的眼睛一直关注着他。

捕捉、呵护、孕育……幼儿就是在教师的细腻培育中展现自我，爱上艺术，热爱生命。

二、涂画创想大视界

绘画是人类传情达意的一种方式，也是教师解读幼儿内心世界的又一途径。幼儿会把胡乱作画的线条想象成自己爱吃的面包、冰激凌；会按照自己的兴趣随意涂抹色彩；还会把所有看到的想到的都聚集在一起，哪怕不符合客观实际……荷幼的教师从来不会随意评判幼儿所表达的内容，因为幼儿笔下是他们内心世界的真切表达。

（一）画出心中的彩虹

茗茗是一个非常调皮的小班孩子。一天，不经允许，他就拿着水彩笔在教室的墙上画画，墙面成了他的画板。别的孩子跑到老师面前"告状"："茗茗乱涂乱画！"

老师没有立刻批评茗茗，而是走到他身边轻轻地说道："你画得真好，小蝌蚪在干什么？小花又在做什么？天上出现彩虹了？"茗茗看了看老师说："我的小蝌蚪在和小花玩。彩虹在天上看着它们。"老师拿出手机拍下了墙上的作品后说道："我们不能在墙上画画。你画得这么棒，我给你一张纸，你画在纸上，这样就不会被擦掉，还能让大家一起看，多好。"老师递给茗茗一张大纸，还鼓励他和大家分享自己的绘画作品。茗茗露出了害羞的笑容。之后，老师还带着茗茗一起把墙面擦干净。从此，茗茗再也没有在墙上画过画，还总愿意把自己画了什么告诉老师。

几天后，教室里的这堵墙悄然发生了变化：墙上多了一大张画纸，旁边还放了许多画笔；墙面上多了许多有趣的绘画，其中一些都是茗茗的作品。茗茗成为大家公认的"小画家"。升入中班，茗茗还成了"创意画坊"小社团里的重要一员，尽情表达自己天马行空的有趣创想。

（余洁）

茗茗画中流畅的线条、生动的形象表现、灿烂的着色，无一不表明他是一个细腻、阳光的孩子，可是未成熟的心智容易让人误会他在"捣蛋"。仔细观察幼儿的绘画，能让教师发现幼儿不一样的内在，帮助幼儿把美好灿烂的内心像一道道彩虹呈现在湛蓝的天空中。

（二）黑色世界里的魔法

"色彩魔法"小社团里的团团是一个只喜欢用黑色来画画的孩子。老师并没有简单阻止他，而是利用其他颜色在他面前变出了黑色。这下，团团可兴奋了，开始尝试用各种颜色调出黑色。在和同伴的分享中，他说："黄色多一点，咖啡色少一点，黑色会变得浅一些；紫色多一点，天蓝色少一点，黑色就会深一些。"原来，黑色有这么多不同。团团依然喜欢黑色，但他开始关注其他色彩。他在采集落叶的时候会发现每片树叶的黄色和绿色都是不一样的；在仰望蓝天时，他告诉老师天空中的蓝色每天都是不同的；在品尝橘子时，他又发现每个橘子的黄色也是不同的。团团用他细腻的感知发现色彩的微小变化。

（徐嘉）

幼儿的身体里藏着艺术细胞，这些艺术细胞正静静地等待激活。荷幼的教师就是帮助幼儿激活艺术细胞的观察者、推动者。

受团团的启示，教师们又开始思考：当幼儿遇见光影，会发生什么有趣的事情呢？

在阳光下，物体的影子洒落在地上，形成了黑色的水墨画。铺上一张纸，用画笔勾勒出影子原本的形状。光与影，在幼儿的创作中，形成了神秘又绮丽的画面。

孩子们的光影游戏

（三）方寸小世界里的艺术家

"走走走走走，我们小手拉大手，走走走走走，一起去寄信……"伴随着孩子们的歌声，在晴朗的周末，我们和孩子们一起走进邮政博物馆，去探寻邮政博物馆里的秘密，发现一张张邮票里的艺术之美，感受这方寸小世界里的大不同。

1. "美的开始"——邮政博物馆之旅

在主题活动"我们的城市"中，邮局成了孩子们的焦点话题。"邮局到底是什么地方？""为什么邮局的标志色是绿色？""怎么寄信呢？""邮票有什么用呢？"追随着孩子们的话题，在家长们的共同倡议下，我们开启了周末亲子游——参观邮政博物馆。从邮政马车到邮运汽车，打开了孩子们的新视野；从大小各异的邮筒到一枚枚画面迥异的邮票，打开了孩子们的艺术新视角；邮政博物馆这座建筑本身也给孩子们带来了艺术熏陶。在古老和现代的艺术碰撞中，孩子们用自己的语言记录着美。

2. "美的种子"——博物馆里的小知识

孩子们在家长的帮助下尝试给家人、老师、好朋友写明信片，明信片右上角的邮票激发了孩子们的探究欲望。孩子们还看到了分拣邮件的传送带。这次参观中，孩子们获得了丰富但零散的经验。基于此，我们设计了一次谈话活动帮助孩子们梳理经验：原来邮政博物馆里记录着邮局、邮路发展的历史。孩子们对邮票产生了浓厚的兴趣，一张张精美的邮票带给孩子们一个个有趣的故事，同时也带给孩子们美的享受。孩子们了解到，随着人类社会的进步，邮票的内容和形式都发生了巨大的变化，风景、花卉、动物、儿童、体育、宇航、卫生、大师的名作和儿童画都上了邮票。一次邮政博物馆之旅，在孩子们心中悄悄种下"美的种子"。

3. "美的进行时"——小小邮票设计师

孩子们纷纷提议，他们也想做一名邮票设计师。基于孩子们的兴趣，我们又和孩子们一起完成了一次美术活动"我设计的各种各样的邮票"。我们准备了各种各样的邮票供孩子们观赏，还请孩子们从家里收集与邮票相关的杂志和书籍、集邮册等，孩子们经过细致观察，发现邮票上的齿轮、数字、图案、花纹都很有特点，而这些艺术元素的美也影响着每个孩子。有的孩子设计了"我爱上海"邮票，有的孩子设计了"动物"邮票，还有的孩子设计了"荷花池系列"的邮票……随着对邮票的深入了解，孩子们对邮票的功能以及世界上第一枚邮票的故事产生了浓厚的兴趣。在角色游戏的"小舞台"区域，孩子们演绎着设计邮票的故事；在个别化学习区，孩子们创设了"小小邮局"，将自己设计的邮票一一陈列，感受这小小方寸世界中的精致和美丽；在一次次的写信和寄信过程中，孩子们用独有的艺术语言和邮票传递最质朴的情感。

4. "美的歌颂"——邮政博物馆之歌

这一方寸小世界开启了孩子们对美的追求和探索，孩子们对邮政博物馆的兴趣日益浓厚，在一次音乐歌唱活动中，孩子们提议将歌曲《郊游》改成《邮政博物馆之歌》。

"走走走走走，我们小手拉小手，走走走走走，一同去邮博；邮筒绿绿，信封飘飘，十二生肖，邮票多多，一同去看邮展。走走走走走，我们小手拉小手，走走走走走，一同去邮博。"孩子们的歌声诠释着艺术的无限可能，在艺术探索中，透过方寸世界，孩子们感受着创作的幸福和快乐。

（鲍云琳）

在主题背景下，幼儿园美术活动更加注重幼儿对主题的亲身实践，以往教室内的课堂也逐渐转向教室外的世界。在主题开展的过程中，让幼儿走出教室，走近自然，走进社区。教师提供支持和幼儿需要的材料，幼儿通过自身的体验和感悟获得感性认知；教师通过细致观察，给予幼儿积极的回应；幼儿便将自己对事物的理解不断以生动、有趣、富有创意的形式予以表达。幼儿是艺术的接受者，也是艺术的创造者。

（四）与秋天的邂逅

树叶随着秋风悄然落下，秋天里寻找树叶的活动开始了。

清晨，陆续来园的孩子们在操场上呼吸着新鲜空气，带上事先准备好的放大镜、小铁锹、小篮子等工具，开始寻找自己喜爱的树叶。"原来树叶都是不一样的。""同一棵大树妈妈的树叶也都不一样……"随着篮子里的树叶不断增多，孩子们的发现也越来越多。"给树叶穿上衣裳，怎么样？"在兴趣的指引下，孩子们找来了教室里所有的绘画材料，在树叶上画画，让树叶穿上了新奇的"衣裳"。

秋天，你好

"落叶手链""落叶秋千""落叶小船""落叶飞镖"……树叶成为孩子们手中充满生机的艺术作品。

（余洁）

孩子们在大自然中欣赏美、感受美、创作美、表达美，真切体验着大自然的美好。艺术于大自然中无处不在。

三、多元文化话童年

语言是个体表达自己所思所想的直接方式。幼儿期是个体语言和思维发展的黄金时期。为什么荷幼的孩子能言善辩，可以从容应对他人的问题？因为荷幼的每一位教师用心聆听每一个幼儿的每一句话语，教师把孩子的每一次表达都放在心中，用多元视角创设多元的文化和艺术环境，用教育智慧向幼儿传递着语言的艺术美。

（一）一起穿越上下五千年

在荷幼操场的一角，每天会传来朗朗的诵读声。"泉眼无声惜细流，树阴照水爱晴柔。小荷才露尖尖角，早有蜻蜓立上头。"稚嫩的声调中，透露着孩童的喜悦，娓娓动听，韵味十足。

原来，许多幼儿都对吟诵特别感兴趣，总会在自由活动、散步聊天的时候对上几句古诗，甚至还会合着古诗吟唱起舞。于是，老师就在操场的一角创设了充满古韵的"午间诵读区"。吃完午餐，孩子们三三两两结伴散步时，就可以在亭间大树旁、小桥竹林畔自由地、快乐地诵读。和小伙伴一起念一念喜欢的古诗，向好朋友学学不同的诗句，为诗词创编一些表演的动作……荷花池畔荡漾起文道书采的灼灼光华。不久后，"金话筒"小社团里出现了"中华诗词会"，"一起来跳舞"小社团里有了《春晓》《三字经》《悯农》等舞蹈表演，"叮咚乐坊"小社团里响起了古乐合奏，"创意画坊"小社团中悬挂出动人的国画。传统文化中的语言美被幼

儿呈现出多种多样的表达。("午间诵读"数字资源请扫本书二维码)

(余洁)

"诵读"是一种艺术的再创造，幼儿在诵读的过程中需要调动眼、耳、心、脑等多种感官，并且大声吟诵能让幼儿感受诗词的韵律、语言的节奏、中华文字的力量。厚植中华文化，享受语言艺术，幼儿在诵读中品出生活的乐趣，在吟唱中滋养心灵。

吟诵中华文化

(二)我们都是辩论小高手

听，大班的孩子们正在开展一场激励的辩论赛。在主题活动"我们的城市"中，老师结合孩子们的讨论热点开展了这次名为"城市生活与农村生活"的辩论赛。甲方的观点是：城市生活比农村生活好。乙方的观点是：农村生活比城市生活好。场上唇枪舌战；场下鸦雀无声，大家听得津津有味。随着一位辩手说道"你们城市里的人吃的粮食、大鱼大肉都是我们种出来、养出来的，你们还不觉得我们好吗"时，孩子们被震撼了，原来城市的幸福生活离不开农村。此时，老师在美妙的音乐声中展现了新农村的生活画面，配合优美的话语，向孩子们简洁明了地讲述中国新农村的发展。在一片认同声中，孩子们决定将来要努力，让城市生活和农村生活一样美好。

(鲍云琳)

把自己的想法组织、整理后用合适的语言表达出来，快速应对同伴的提问，

183

这就是荷幼大班幼儿具有的能力。教师在陪伴幼儿的每一天里创造大量让幼儿各抒己见的机会，细细倾听并给予反馈，循序渐进，日积月累，才让幼儿变得如此敏锐善言。

（三）就是爱演"大灰狼"

故事《小兔乖乖》里的大灰狼是很多小朋友害怕的角色，可是小三班的蛋蛋特别喜欢大灰狼。从故事一开始，他就说自己是大灰狼。他装上了大大的尾巴，戴上了大灰狼的面具，得意洋洋。

没有几天，孩子们都不喜欢蛋蛋了。蛋蛋再也不愿扮演大灰狼。

老师特意安排"小舞台"上演《小兔乖乖》的故事。老师邀请蛋蛋来扮演故事里的大灰狼。当音乐响起，蛋蛋被故事情节带入，不一会就进入角色，又一次表演起那只会动坏脑筋、眼睛咕噜咕噜转、想要吃掉小兔子的大灰狼。老师坐在观众席上，大声地为蛋蛋加油："大灰狼演得真好！"老师还为蛋蛋献上了美丽的花朵，祝贺他演出成功。其他孩子也在老师的带动下为蛋蛋的精彩演出鼓掌。

原来，能把故事里的角色扮演得活灵活现就是好演员，这样的演员应该获得掌声，并值得大家的喜欢。大家不再孤立蛋蛋，还有孩子学着蛋蛋的样子扮演大灰狼。没过多久，蛋蛋还站在了其他班级的"小舞台"上，最后还成为"梦幻剧场"小社团演出剧目《三只小猪》中"最小、最坏的那只大灰狼"。随着掌声一次又一次响起，快乐的笑容绽放在蛋蛋的小脸蛋上。

（余洁）

欣赏是尊重孩子的一种方式。教师充分尊重蛋蛋的表演兴趣，通过正向引导支持蛋蛋按自己的意愿参与活动。在活动中，蛋蛋的表演天赋被一次次地放大，表演激情不断绽放，他自信从容地站立在舞台上。一个一个能说会道的小演员就是在教师细心捕捉契机、用心呵护中茁壮成长的。

孩子的学习，从他出生的那一刻起，每时每刻都在发生。幼儿艺术领域学习的关键在于充分创造条件和机会，在大自然和社会文化生活中激发幼儿对美的感

快乐的艺术童年

受和体验，丰富其想象力和创造力，引导幼儿学会用心灵去感受和发现美，用自己的方式去表现和创造美。这也是荷幼艺术教育的宗旨和价值指向，青青荷塘里正在孕育美妙绝伦的华彩乐章。

第四讲
有爱有成长

　　师者，当有一半诗心一半匠心。诗心是仰望星空，匠心是脚踏实地；诗心是提升境界，匠心是印证境界；诗心是致其广大，匠心是尽其精微；诗心是向美而生，匠心是让美成真。师者应以诗心和匠心做双翼，在教育的天空中翱翔，播撒爱的种子。

第十一话　我和我的同伴

　　荷花池幼儿园在 64 年的历史长河中坚持做"有爱的教育",让爱一年四季萦绕在校园内。荷花池畔的爱,是春天的阳光,温暖和煦;荷花池畔的爱,是夏日的细雨,沁人心脾;荷花池畔的爱,是秋天的笑语,陶醉人心;荷花池畔的爱,是冬日的火把,照亮心灵。荷幼是有爱有温度的幼儿园,每一位幼儿都能在爱的滋润中幸福地成长;每一位教师都能在爱的播撒中幸福地追求自己的梦想。

有温度的幼儿园里有爱有成长

用爱和专业让孩子爱上幼儿园

守护孩子的笑容是最大的追求

荷花池里的生命色彩

荷花的美丽必定有荷叶的陪伴。花和叶各有空间，各自呼吸，却又相映成趣。荷幼的教师们在这六十多年的历史长河中就是如此，亦师亦友，相互扶持，相互成就。

在荷幼"厚德、聪慧、创新、卓越"的园所文化引领下，教师通过交流研讨、同伴互助等途径提高教学质量，推动团队共同发展。教师在互相交流和沟通中思维得以碰撞，心理上获得支持；在分享资源的过程中，专业能力得以发展。

在这一洼荷塘中，勤思考、爱动手、心团结的教师们宛如新生嫩叶，生机勃勃；又如同那绽放的荷花，风姿绰约。大家互帮互助，凝心聚力，才让荷花池愈发美丽。

朝气蓬勃的教师团队

一、教研组里的家庭温暖

完整的荷，莲藕默默扎根汲取营养，荷叶衬托着荷花，荷花包裹着莲蓬，莲蓬保护着莲子。完整的荷，缺一不可。

教研组作为幼儿园基本的教学研究组织，是教师开展教育教学研究活动的主阵地，也是提升教师专业素养的有力推手。荷幼的教研组具有完整的平台功能：服务每一位教师，激励所有教师有效互动，提高大家参与教研的积极性，建立"创新向上、和谐共生"的教研组共事文化，实践荷幼"厚德、聪慧、创新、卓越"的园所文化。

根据执教的年龄段，荷幼有小班、中班、大班三个教研组。每个教研组既可以为组内服务，又可以为其他组服务，大家互帮互助，分组不分家。

（一）"让我来"

又是一年梅雨季，操场上瞬间积聚了许多雨水，从大厅到走廊的通道上也到处是积水。面对这样的情况，尽管是双休日，教研组的组员们不约而同来到幼儿园，参与到"抢险救灾"的工作中。"让我来"，这是每个人挂在嘴边的话。

大家撸起袖子，脱掉鞋子加油干：有的用平板拖把刮水，有的用水桶舀水，还有的用扫帚扫水……不一会儿，积水慢慢褪去了，留下一个个脚印。

所有人自发自愿加入到园所的维护中，用自己的行动证明对这所幼儿园的爱。

（曹玲艳）

三个教研组就像三个小分队，遇到问题，大家一起商量，一起解决。一场梅雨，见证了荷幼教研组的力量，所有人齐心协力，共同保护好自己的家。

（二）别让梦梦分心

"梦梦加油，你一定可以的，你很棒的！"这是我参与教学比赛期间最常听到的话语。教研组的老师们一直给我加油打气，不仅有精神上的支持，还有行动上的帮助。轮流写教研组学习报告的时候，他们说："别让梦梦写了，让她安心比赛吧！"轮流做教研组会议记录的时候，他们会说："我来做吧，梦梦快比赛了。"他们将工作留给了自己，将时间留给了我！知道我初赛是写教案，教研组的老师们毫不犹豫地和我分享经验，鲍老师拿出了她所有的优质课教案，让我参考。在制作课件时，小梦老师主动留下来和我一起修改，比赛时动态化、有趣味的课件得到了专家的一致好评。

（李梦蕊）

教研组内的教师用自己的专业所长，为同伴提供帮助，不仅有效推动了同伴专业素养的提升，更为同伴留出了大量的学习时间。

一群人一条心，一件事一起拼！

（三）一起拼，一定赢

一起拼，一起努力

当突如其来的意外打破了原来的安排，是放弃，还是调整重来？荷幼教师的答案当然是后者！

从大学毕业至今，我进入荷花池幼儿园已经有 22 年的时光。教研组的老师换了好几拨，但是，从始至终同伴们都吸引着我，让我满怀期待地向往每一天，大家齐心协力用自己的智慧和职业素养守护荷幼。

一年一度的植树节来临，为了让孩子们有丰富的体验，教研组从周一就开始与孩子们一起策划全园参与的植树节活动，无论是老师还是孩子，都十分期待活动日周五的到来。然而，周五早上刚踏进校园，就接到了不能开展人员聚集活动的临时通知。教研组的老师们第一时间全情投入，调整教学活动方案。"按照班级有序活动！"突如其来的变故让人不免有些手忙脚乱，但是只这一句话，训练有素的老师们当即心领神会，简短协商后各自调整自己的教学活动计划，以班级为单位，轮流到操场上开展植树节活动，孩子们的期待和准备没有落空！一群人，一条心，一件事，一起拼，一定赢！

（严华英）

荷幼的教研组与教研组之间既有"串联"又有"并联"，平时大家各忙各的，但是一旦有需要，大家都能齐心协力，共同担负。教研组形成智慧合力，通过同伴互助模式，促进所有教师共同成长与进步。

只要你是荷幼的一分子，你就会拥有一大群相助者。

二、班级里的相亲相爱

在荷幼，经过不断的实践探索，形成了"三教一保"（三位教师，一位生活老师）的保育模式。如果说幼儿园是大家，那么班级就是小家，正是这些幸福的小家，组成了荷幼大家庭。

瞧，她是谁呀？

　　新教师工作的第一年俗称"见习年"，在这一年中，新教师不仅要尽快做好教师的工作，还要准备非常重要的"萌芽杯"教学评比。对于新教师来说，难免会有些应接不暇，而班级里搭班同伴的支持则会让他们无后顾之忧，勇往直前。

（一）病床上的视频指导

　　严老师、王老师、项阿姨和我组成了同一个班级的工作伙伴。从我刚来，严老师就对我说："春春，你下学期有'萌芽杯'教学评比吧？你现在就要赶紧准备，教案要多写多看，一定要有积累。从现在开始，每周写两个活动教案给我看。"就这样，我开始了每周至少写两个原创活动教案的历程。严老师作为教研组长和工会主席，有很多工作，然而她再忙，也会抽出时间帮我看教案，给我指导意见。到了比赛阶段，严老师更是尽心尽力全方位给予我帮助和指导。到了决赛前夕，严老师意外骨折了，她躺在病床上，开着视频，远程看着我做最后的赛前准备，一句话、一个动作、一个表情，一点一滴地给予我指导。她还鼓励我说："春春，你没问题的,加油哦!"在严老师休养的这段时间里,王老师和项阿姨帮我承担了班级中的很多工作。王老师的儿子正处于中考备考的关键时刻,但她仍然会和我一起加班赶制比赛时要用的教具。赶制教具常常会产生大量的垃圾,项阿姨从来没有一句怨言,总是及时清理,第二天孩子们见到的仍然是干净整洁的教室。一个班级是一个小家,谢谢你们,陪我走过这段充实的时光!

(李春雨)

面对比赛,整个班级的工作团队集合在一起成为最坚强的后盾。一场精彩的演出,离不开台前幕后的共同努力,一场精彩的"萌芽杯"教学评比,更离不开班级团队的鼎力相助!

时光荏苒,不同的班级,不同的搭班团队。人虽不同,心却相通!

(二)搭班的情谊

2019 年刚工作的我踏入了大三班。作为一名男性幼儿教师,我告诉自己,我身上的责任重大。

我愿做你的绿叶

　　然而，幼儿园工作和我的想象还是有差距，除了日常的带班工作、环境创设工作，还有其他非常繁琐的工作。渐渐地，我有些自我怀疑，我是不是适合这个岗位？主班老师看出了我的不安和焦虑。一个周五的下午，主班老师和我谈心，鼓励我把所有的顾虑说出来。当听到我说教案设计和家长工作有困难时，她记在了心里。之后，她从教案的格式到每一个环节的设计都给我梳理了一遍，并且在之后的工作中，常常逐字逐句地指点我写教案；在家长工作中，她主动承担了很多任务并细细解说，直到现在我还记着她对我说的话："只要你对孩子负责，对家长真诚，就没有做不了的家长工作。"慢慢地，在大三班，我适应了幼儿园的教师工作。

　　第二年，我进入中四班工作。经过一年的成长，我在工作中有了更多的思考。主班老师安安老师非常尊重我的想法，慢慢地，我离我理想中的教师形象更接近了。

　　当中四班变为大四班的时候，班级里来了一位新的生活老师张老师。那天，张老师和我说："小梦老师，我觉得我不适合这份工作，我老是拖你们后腿，耽误你们。"听了张老师的这句话，我仿佛看到了刚工作的自己，从懵懵懂懂开始摸索，有焦虑，有胆怯，但更多的是想要把工作做好。我和安安老师说了这事，当天大家就决定下班后聚餐，更快地让张老师加入我们这个团队。我们4个人边吃边聊，目的就是让张老师明白，班级是一个小家，我们都是一个整体，不存在谁拖谁

搭班工作有默契

后腿的事情。从那以后，经过一段时间的磨合，我们 4 个人的配合更加默契了，大家各司其职，在自己的工作岗位上发光发热。

（陈小梦）

不同的班级，不同的人，但是大家的愿望是相同的，为了孩子，为了班级，为了幼儿园。

在荷幼，三教一保的工作模式让教室里有了更多双眼睛、更多双手，也让大家更凝心聚力。不论是教师还是生活老师，大家都各司其职，共同为班级和孩子们努力着。

三、荷花池畔总有坚强后盾

在荷幼，与其说大家在一起工作，不如说大家在一起生活来得贴切。这里既有刚开始工作的新教师，又有已经工作二十多年的资深教师。大家一起共事，陪伴幼儿快乐成长。

陪伴孩子们快乐成长

　　虽然大家年龄有差异，生活阅历不一样，但是大家带着同一个梦想，相聚在同一片屋檐下。

　　一直以来，幼儿园的工作团队中女性居多，很多人是宝妈，甚至是二胎、三胎的宝妈，她们在工作和生活中或多或少会遇到一些困难。但她们身后有荷幼大家庭的支持，这是她们工作和生活的坚强后盾。

（一）"放心吧"

　　我和先生都是新上海人，父母都不在身边，面对两个年幼的娃，最害怕的就是他们生病。

　　去年 9 月刚开学，5 岁的女儿发烧了。我先生请假在家照顾孩子，但他因为工作原因需要马上出差。面对女儿的高烧不退和班级里新入园的 30 个小班孩子，我犹豫良久后，硬着头皮请假。电话那头的李老师非常坚定地回答："去吧，回家，孩子重要！放心吧！班级工作会有余老师来帮忙的。"回到办公室，我满眼泪水，急急忙忙拿着包往家赶，临走时正好遇到余老师。我感到十分歉疚，余老师二话没说，只一个劲安慰我："没事，没事，我等下就去你们班级，放心吧！"

　　就是这么一句"放心吧"，让我感受到幼儿园和同伴的温暖。

（曹玲艳）

　　在荷幼，家里孩子还小的妈妈有很多。她们不仅是自己孩子的妈妈，更是幼儿园里孩子们的"妈妈"。放心不下是她们最大的困难，而同伴的一句"放心吧"，让她们放下重重顾虑，更好地扮演好妈妈的角色。这就是荷花池畔的温情，当一个妈妈有困难时，会有很多妈妈来帮忙。

　　荷幼的妈妈如此，爸爸亦是如此。在荷花池畔，所有教师都是平等的，都是被关爱着的。

（二）漂泊的心找到了家

　　学期末，大家都在忙着整理期末的各项资料，我突然收到了家里的一通电话，医生在宝宝的足底采血检测中发现一项指标有问题，严重的话甚至会危及宝宝的智力发育。作为爸爸，我内心十分焦急。教研组长严老师看到我和平时不一样，很关心地问我是不是身体不舒服。当听到是家里宝宝的血液检测有问题后，严老师作为一位妈妈，非常理解我的不安，她先是安慰我不要着急，随后马上联系了她在儿科医院工作的朋友进行咨询，而且还主动向领导说明情况，以帮我联系到更多的医生。领导们知晓后，也纷纷安慰我，取消了我的寒假值班工作，让我马上回家照顾孩子。我庆幸自己当初的选择。荷幼，是一个友爱的家庭，是我们所有荷幼人的温馨港湾。

（陶玉慧）

一方有难，八方支援。每一个荷幼人都会竭尽所能帮助同伴。

孔子言："三人行，必有我师。"在荷幼，人人都是老师，人人都是朋友。荷幼的教师不仅在生活中互帮互助，更是在专业发展上互为师友。

共同学习，共同成长

（三）爱哭的布布老师不哭了

青年教师基本功展示活动正在进行，轮到布布老师了，只见她双手紧握，神色紧张，走到钢琴前，刚弹了前奏就"哇"的一声哭了起来……坐在台下的老师们给予她安慰和鼓励，慢慢地，布布老师不哭了。她最终坚持完成弹唱，获得了大家的掌声。她说："虽然我唱得五音不全，但我同样可以和孩子们一起来欣赏这首歌，听听这首歌表达了什么。"

布布老师是一位有美术特长的青年教师，平时在工作中，她总有各种有趣的美术创意，但对歌唱、律动等音乐活动的设计与实施缺乏自信。

在日常的工作和生活中，同伴们给予布布老师全方位的支持。生活中，拉上布布老师一起玩"K歌游戏"，大家大声地歌唱、快乐地舞蹈；工作中，她和其他老师围在钢琴旁，共同探究怎样的歌曲伴奏更好听……在荷幼，这样的例子不胜枚举，在某些专业领域见长的老师给予缺乏自信的老师建议和帮助，让他们挑战自己的短板，并获得专业上的成长。

通过同伴的引领和帮助，荷幼的每一位教师都能成为传递艺术的"火炬手"，更好地实现"视界，我与孩子共可能"的教育理念。

（李文娟）

青年教师有的以美术见长，有的以音乐见长，有的以语言见长。传统上，幼儿园往往会用教师互补配班的方式，来解决教师专业技能偏科的问题，如安排一位美术特长的教师和一位音乐特长的教师搭班，让这个班级的教师

我们一起试一试

专业技能达到平衡，共同合作开展一日活动。但这样的做法治标不治本。在提升教师课程领导力的背景下，荷幼关注的是如何提升教师的课程设计力、课程实施力等专业能力。

正如我们所倡导的"幼儿是天生的艺术家"，我们同样认为并不擅长弹唱或绘画的教师也具有感知、表达艺术的能力。幼儿的艺术启蒙并不在于技能技巧，而是在于感受和表达。当教师建立这样的教育信念后，对艺术教育就会有足够的专业自信，对幼儿的观察与评价也会更客观。

第十二话　师傅们的言传身教

　　每位教师身上都蕴藏着无穷的潜力，只要适时去发现、去鼓励、去引导，每位教师都会闪耀出属于自己的光芒。在荷幼，每一位教师的职业生涯中都有师傅的影子，师傅就是专业成长道路上的引路人。

　　在荷幼，教龄2—5年的青年教师占比过半，几乎每年都有新成员加入这个团队。怎样帮助新教师度过"阵痛期"？在新教师迅速适应职业角色，平稳走上专业化发展道路的过程中，"师徒结对，专业带教"的机制发挥了重要作用。每年，幼儿园会遴选出多位教龄在15年以上、教学经验丰富、专业技能扎实的资深优秀教师担任新教师的带教老师。通过师傅的答疑解惑、温暖鼓励、言传身教，新教师逐渐消除不安与彷徨，适应荷幼的工作节奏，获得归属感和认同感。

荷幼是个大家庭

　　在师傅们的言传身教下，一代又一代的年轻教师成长起来，以"接天莲叶无穷碧，映日荷花别样红"自勉，不断追寻做一名"幸福的青荷教师"的真谛。

一、大手牵小手

对新教师来说，师傅是引路人，更是连接幼儿园的纽带。在工作中遇到困难可以找师傅帮忙，对职业有困惑可以找师傅解惑，对教学有想法可以找师傅商量。

在荷幼，师傅是足智多谋的智囊，是坚强的后盾，是"厚德、聪慧、创新、卓越"的践行者，诠释着"大手牵小手"的带教和传承。

（一）"就你，没商量"

看到朝气蓬勃、好学努力的青年教师们，我会不由自主地想到自己刚踏进幼儿园的样子。我是幸运的，工作第一年就被确定为培养对象，第二年就拜特级教师曹冰洁为师。在领导的关心培养下，在导师的悉心指导和帮助下，我实现了一个又一个人生目标。

我们幼儿园有一支非常年轻、出色的教师队伍。自从我担任园长以来，我一直非常关注对青年教师的培养，想方设法创设各种机会，让他们得到锻炼与提高。赵老师是我的徒弟，她的优点与缺点同样突出。她热情，善于思考，同时又比较粗心大意，容易迷糊。去年，我园接到一项重要任务，需要同时开放三个集体活动。由于任务重，影响面广，因此上级有关部门的领导也参与了教师人选的讨论，赵老师成为其中一场开放活动的任课老师。慎重起见，我们利用一次全区交流的机会，请赵老师模拟了一次开放活动，领导、专家亲自到现场观摩。虽然活动前我也参与了讨论和教具准备，但是由于赵老师活动前各项准备工作做得不够仔细到位，致使活动中出现了许多操作性的失误。观摩了赵老师的活动后，领导、专家都表示了担忧，赵老师也对自己失去了信心，多次向我表示她无法完成这么重要的开放任务。

作为赵老师的师傅，我与赵老师进行了一次严肃而又诚恳的对话，分析了她这次失败的根本原因——浮躁！我严厉地批评了她，并给她讲了我自己的成长故事，和她分享我的第一次失败和第一次成功。最后，我斩钉截铁地对赵老师说："就你，没商量！"同时，我的决定也得到了领导、专家的支持。

在接下来的日子中，我和赵老师风雨同舟。赵老师知道，她有师傅的鼓励，有大家的默默支持，终于又重树了信心。在赵老师的精心准备下，最终，她与其他两位教师的开放活动获得了极大的成功，得到了市里专家和同行的赞誉。此后，几乎每个月我都安排赵老师参与开放活动，要求她独立设计活动，并用文字表述活动设计的思路，活动后还要反思、调整活动设计。一天又一天，赵老师羽翼渐丰，矫健的身影敢于迎着风雨翱翔在空中。在当年的上海市幼教年会上，赵老师就教育的现场问题发表了两篇个人专题发言，她的文章还在专业杂志上发表。

青年教师需要培养，更需要鼓励。在他们碰到困难打退堂鼓时，需要师傅们的鼓励，助推他们迎难而上。

（宋青）

作为荷幼这个大家庭的大家长，园长宋老师在工作中一直把教师的成长和发展放在重要位置。当教师遇到问题和困难时，她总会和教师们站在一起，用自己丰富的经验为教师们答疑解惑。在她的培养下，一位又一位青年教师成长起来，成为荷幼的中流砥柱。特别是荷幼的保教主任赵老师，她在园长宋老师的指导和培养下，通过自己的勤奋与努力，在上海市第四届中青年教师教学评比中获得一等奖，并最终成长为上海市的幼教名师。

（二）时刻不忘孩子们

我很幸运，在职业发展的道路上，遇到了恩师宋青老师。宋老师总能在我迷茫时为我指点迷津；在我遇到困难时，我们一起想办法解决问题；在我想要退缩时，她总是为我打气，鼓励我迎难而上。

有一次，幼儿园获得了一个开放活动的机会，宋老师问我愿不愿意承担这个任务，我一口答应了下来。我铆足了劲，开始各项筹备工作。我反复琢磨教案设计，背出一段又一段指导语，练习给孩子们示范表演的每一个动作。但当我自信满满地开始开放活动时，教学活动现场却深深刺痛了我。孩子们的学习态度随意而又散漫，我精心准备的互动环节显得苍白、无效。活动结束后，师傅马上找到我，和我一起反思。"活动中，你背出了教案，备好了教具，但你唯独没有备好你的 30 名孩子。"师傅的话醍醐灌顶，我茅塞顿开：幼儿园的教学活动不是作秀，教育在于平时的日积月累，时刻不能忘记孩子们。

在后来的带班过程中，我认真抓好每个孩子的生活习惯、学习习惯，脚踏实地地倾听孩子、观察孩子，捕捉他们在一日活动中的兴趣点，认真记录，再回到教案上，进行优化。果真，我的教学活动现场有了明显的改善，在整个活动中，孩子们始终保持着很高的兴趣和参与热情，有着积极互动。

做好一切准备

如今，我担任保教主任的职务，但师傅的那些金玉良言，依然历历在目。

多用心看看孩子

现在，当我以师傅的身份再去指导青年教师张雯参加教学评比时，我总是情不自禁想起师傅当年对我的悉心指导。我把宋老师曾经教会我的道理，以及我自己对教学的理解告诉张老师："你备好教案不是难事，但备好孩子却是难事。"

是啊，多用心地看看孩子们，细水长流地教好每一个孩子，这才是我们幼教工作者最应该做的。

（赵妍）

有了师傅宋老师的悉心指导，再加上自己的勤学多思、刻苦钻研，赵老师在自己的职业道路上终有所成。在师傅宋老师的影响下，赵老师也不遗余力、毫无保留地将自己的教学经验分享给青年教师们，帮助他们获得更好的发展。荷幼的教师，一代又一代举起了言传身教的接力棒。

（三）成为一名幸福的追梦人

我非常有幸参与2021年上海市中青年教师教学评比活动，整个过程历经了三月有余。在这个过程中，我不仅收获了专业上的成长，更多的是收获了内心世界的充盈。感恩一直陪伴我成长的园长宋青老师、师傅赵妍老师，她们一路指引着我在逐梦的道路上前行！

比赛的过程中总是充满各种挑战，在一次次调整方案中，在一遍遍模拟演练中，我也有过气馁和彷徨。

"爱上眼前的工作，只有喜欢才不辞辛苦。""我们都不缺少幸福，只是缺乏感受幸福的心境。"师傅赵老师总在我身旁予以鼓励，引导我以良好的心态面对挑战。是呀，在基于儿童立场的理念下辛勤耕耘，感受和孩子在一起的平凡与幸福，在基于儿童视角的工作情境中，体验真情实感的幸福，是一件多么令人陶醉的事！

园长宋老师一直教导我们："作为一名有追求的青年教师，课程不仅需要实施，还需要不断创新和优化。"在假期里，我前往图书馆寻找设计活动的相关素材。然而这只是第一步，后续的活动设计、环节衔接，无一不令人头疼。

"如果一个集体活动的设计是有趣的、好玩的，那么孩子自然会被吸引，自然愿意跟着老师学习。"我的脑海中回想起师傅的话语。是呀，始终保持自己的童心和热情，这才是活动设计最本真的要求。

成为幼教追梦人

孩子们都非常喜欢我的音乐活动，有个别孩子过于沉醉其中，唱歌的声音太大了，几乎到了走调的地步，这可怎么办呢？

"歌唱对于孩子来说，是宣泄情感的一种有效方式。是孩子太喜欢你的活动了！"师傅的话总能让我思考良久，不断加深我对孩子的理解。

而今，在师傅的督促下，我已经养成了仔细反思每个活动的习惯，思考哪些教学设计取得了预期的效果，哪些精彩片段值得仔细咀嚼，哪些突发问题让我措手不及，哪些环节有待今后改进……

曾经被别人点亮，现在，我也要去点亮别人。在今后的日子里，我也会像我的师傅赵老师一样，不断地发挥自己的能量，去点亮身边的人。

薪火相传

（张雯）

在园长宋老师的鼓励下，在师傅赵老师的指导下，通过自己的刻苦实践，张老师在 2021 年上海市中青年教师教学评比中获得了一等奖。张老师是荷幼青年教师的一个缩影，从张老师的成长轨迹中，可以看到在荷幼这一片肥沃的土地上，一代又一代教师辛勤耕耘、言传身教，帮助青年教师奔向新的征程，最终收获累累硕果。"一枝独放不是春，百花齐放春满园。"在荷幼这个大家庭中，这样的师徒故事还有许多。

一路走来，荷幼的青年教师们从蹒跚学步的"丑小鸭"成长为翩翩起舞的"小天鹅"，从稚嫩的"新手教师""青年教师"走向如今的"骨干教师""保教主任""学科带头人"。曾经，他们都是徒弟，如今，他们自己成了师傅。

在一代又一代荷幼师徒的传承中，荷幼教师对"厚德、聪慧、创新、卓越"的追求始终如一。

二、三人行必有我师

年轻的心容易孤独，容易彷徨；她渴望陪伴，渴望成功，也渴望理解。在荷幼，教师们诚心以待，消弭隔阂，一同以坚定的心面向未来。

（一）搭班带教

对幼儿教师来说，带班是每天最基本的工作。正是在日复一日的搭班带教过程中，新教师从他们的带教师傅身上看到无私、勤勉、认真、专注等可贵的品质。新老师们于潜移默化中学着师傅的样子，挣脱稚气、坚定信心、执着探索，走上优秀幼儿教师的成长之路。慢慢地，他们身上也有了荷幼精神。

我是新手老师，今年是我第一次带小班。带小班真是个大挑战，尤其是哄孩子们午睡。小班的孩子刚入园，还不适应新的环境，在午睡前会表现出强烈的分离焦虑，因此要哄他们睡着着实要费好大一番工夫。

已经快十二点了，到了交接班时间，但是带上午班的施老师丝毫没有离开的意思，依旧耐心地在喂几位午饭吃得较慢的孩子。我很好奇：难道她不累，肚子不饿吗？只见她一边喂孩子，一边不忘鼓励："加油，加油，还有两口就吃完啦，小牙齿用力嚼呀嚼！"孩子们吃完饭，施老师又帮着我一起进行午睡前的准备工作，帮女孩子拆辫子，帮孩子们脱背心，照顾孩子们如厕。等孩子们都进入卧室，我为他们讲起了睡前故事，施老师这才踮着脚尖，轻轻走出卧室，匆匆赶去吃午饭。等我讲完故事，施老师又匆匆赶了回来，陪我一起哄孩子们午睡。一直到所有孩子都进入梦乡，她才去办公室休息。

卧室里的"午休时间"

　　第二天轮到我带上午班，工作了一上午，我口干舌燥、精疲力尽，只想快点去办公室休息。这时，施老师走进教室，来和我交接班。看到施老师，我仿佛看到了救星，心想终于可以去办公室休息了。在完成常规的交接工作后，施老师轻轻地和我说："玲玲啊，你先去吃饭吧！"我刚想走，但转念一想，昨天施老师不是和我一样吗，她也是工作了一上午，却不顾自己又累又饿。就在那一刻，我突然懂了，施老师质朴的行为代表她内心永远把孩子放在第一位。小班的孩子吃饭慢，没关系，老师可以慢慢喂；孩子午睡的时候想妈妈，没关系，老师可以像妈妈一样陪在他身边。老师会很累，但孩子能尽快建立对幼儿园的安全感和信任感。

我们悄悄地将午休时间延到了孩子们入睡以后，这成了我和施老师之间不用言说的默契。每当我看到那个专注而执着的背影，我总是倍感安定与温暖。我们彼此帮助，相互扶持，在孩子们的卧室度过我们别样的午休时光。

每天，我和施老师的午餐时光总是那样匆忙，但看着孩子们午睡醒来精力充沛的样子，所有的辛苦与疲惫都会烟消云散。

谢谢施老师，我的搭班带教老师，让我在职初阶段就体会到了这份工作的价值。这将支持我恒久地去追寻幼儿教师这份工作的意义。

（马宗玲）

对荷幼所有的教师来说，幼儿是最珍贵的礼物。只要幼儿能茁壮成长，教师苦一点、累一点都心甘情愿。荷幼的每一位带教老师用自己的行动告诉每一位青年教师——一切为了孩子！

因为有你，所以欢笑

（二）人生导师

"古之学者必有师。师者，所以传道授业解惑也。"师傅不仅运用自己的专业知识为徒弟答疑解惑，更能以自己的品性学识教会徒弟做人的道理。可以说，师傅是徒弟的人生导师。有这样的师傅引领着走一条艰难却充满希望的路，该是多么幸福的一件事。

离开学校，我背起行囊，踏上幼儿园教师的岗位。在这里，有人在不知不觉中将明珠赠予我，从此我的前方变得格外敞亮，对未来不再畏惧，在前行的路上也变得更加勇敢和坚定。这都离不开我的师傅余老师。

　　为学，她精益求精、恪尽职守。余老师常说："播下一个行动，便会收获一种习惯；播下一种习惯，便会收获一种性格。"即使每天的工作很繁琐，余老师仍会根据孩子们的情况调整个别化学习活动区角，更换主题墙……她的认真负责感染着我。"人之为学，不日进则日退"。在一次次的跟岗学习中，余老师用实际行动告诉我：每一次的集体活动都来自孩子们的兴趣，每一个区角改动都来自孩子们的探索，每一次教学都立足于孩子们的经验，每一面主题墙都记录着孩子们的收获。孩子们的成长离不开老师积跬步而致千里的推进与坚持。

我眼中的你

　　为师，她传道授业，诲人不倦。余老师不会说教，有的是真挚诚恳的情感与平易近人的亲切。在我参加"萌芽杯"教学评比的整个过程中，余老师用精深的专业能力和令人如沐春风的指导陪伴我走完整个赛程。在第二轮模拟演练时，讨论结束已是傍晚六点。余老师依旧坚守在教室里，一字一句地指导我和孩子说话的语音语调，为我录下每一句话让我回顾和反思。我深深地感激余老师对我的指导。"泰山不拒细壤，故能成其高；江海不择细流，故能就其深。"在第三轮的赛程中，每一次材料的提供，每一次教案内容的更改，余老师都会指导我关注每一处细节。余老师的真心和匠心，让我在日后为幼儿之师时，都有了她的影子。

"弟子事师，敬同于父，习其道也，学其言语。"我敬重余老师对孩子们的兢兢业业，也将以她的榜样为指引，砥砺前行。

（李梦蕊）

余老师以自己的实际行动，用日复一日的平凡坚守，解说如何成为一位合格的幼儿园教师。工作中的琐事再多，还是要挤出时间调整个别化学习活动区角；每天带班再累，也依然要对自己的教学活动进行反思。余老师用自己的言传身教，让青年教师对自己的职业道路有了新的认识和更深的敬畏。

小荷已露尖尖角

荷花池里的生命色彩

在一代又一代荷幼师徒的传承中，在一位又一位荷幼人追寻梦想的过程中，始终能看到荷幼人身上善良、热情、助人、坦诚、直爽、大度、坚韧的品质，正如不蔓不枝、亭亭玉立、洁身自好的荷花。荷幼的教师将"荷"的高洁融入自己的骨血中。荷幼人以"接天莲叶无穷碧，映日荷花别样红"的诗句自勉，在多年的实践中赋予它新的内涵，形成"爱在当下，同心动力"的荷幼精神。

第十三话 做有幸福感的教师

盛开是一朵花,凋谢是一支莲,始终不变的是孕育莲子。在几代人的传承下,荷花池幼儿园形成了"厚德、聪慧、创新、卓越"的园所文化。走进荷幼,加入充满爱的集体时,踏入教室,看到一张张可爱的笑脸时,就是幸福所在。

一、为"荷"幸福

"荷"的高洁、高雅,一直贯穿在荷幼的发展历程中。荷幼人以"接天莲叶无穷碧,映日荷花别样红"的诗句自勉,并在多年的实践中赋予它新的内涵,形成了"爱在当下,同心动力"的荷幼精神。经过几代人的传承和积累,"荷"就像一颗种子种在荷幼人的心田里,孕育出"厚德、聪慧、创新、卓越"的园所文化。

"厚德"凸显了荷幼发展历程中各种园所制度的积淀。在荷幼,强调"厚德"的人文气息,在"成长制度""关怀制度""发展制度"的引领下,尝试探索"浸润入心、合作共赢、启智启德"的艺术教育理念与实践。

"聪慧"是对幼儿发展的期望。在艺术的引领与浸润中,荷幼的孩子呈现出这样的形象:健康快乐有自信,文明合群敢尝试,善良活泼会交往,热情高雅好探究。随着"视界,我与孩子共可能"理念的提出,"聪慧"的内涵又得到进一步拓展。

"创新"体现了不断更新与优化的追求,荷幼人不能故步自封,不能因循守旧,始终要让艺术特色焕发蓬勃的生命力。

"卓越"是对教师队伍专业发展的概括,荷幼人具有鲜明的艺术烙印,在"为师不推、求助不待、自我不懈"的引领下,探索"热情不灭、自由不羁、创意不凡"的艺术活动,为园所发展贡献自己的力量和艺术才能。

愿作荷叶碧连天

在"厚德、聪慧、创新、卓越"的园所文化熏陶下，荷幼的"青青小荷们"眼中的荷幼是这样的：

董依钒：荷幼人有着"四面开花"的特长和本领，既有精于科研的科研组，也有心灵手巧、审美在线的环境组。身边的老师或是实践经验丰富，或是理论基础扎实，还有擅长歌唱、舞蹈、绘画的各位"大神"。大家互相学习，相互帮助，众人皆可为我师。在这样的环境下，我们的团队自然而然会变得优秀而卓越。

赵芳：荷花池幼儿园是一所具有包容性和开放性的幼儿园。应对不断变化的外部世界时，我们不断发展、自我革新，在育人上追求宽厚仁爱的心性与品德，以培养有思想、有智慧、追求卓越的幼儿教师为己任。

鲍云琳：一步一风景，一步一景皆艺术。荷花池里的每一步、每一景都散发着艺术的气息，并用这一汪池水孕育着每一朵含苞待放的小荷。她的厚德、善良、聪慧，让孩子们拥有童年最美好的回忆。我们与孩子一起徜徉在荷花池畔，一起

"艺"犹未尽!

　　汪律:荷幼的教师永远拥有创新的精神;荷幼的教师都拥有一颗"一切为了孩子"的心;荷幼的教师不论到哪里,做什么,都会以一个示范园教师的标准要求自己;荷幼的教师会在做任何事情前思考,讨论,碰撞,力求把事情做得更妥帖、更完善。

　　戴晔璐:不甘平凡的勇气,至善至诚的初心,永不懈怠的开拓,认真追梦的坚持。

　　陶玉慧:厚德,方能载物。荷幼将德育摆在培养孩子的首要位置。只有具备了良好的品德,才有承载万物的能力,才能追求卓越和创新,以至聪慧。厚德是基础,创新和卓越是过程,聪慧是最高境界。

　　许煜:我们的教育在不断汲取新的思想、新的理念,再融入自己幼儿园和班级的特点,这是创新的体现。老师们对待孩子、对待家长能专业为先,一视同仁,这是厚德。应对新的挑战和新的机遇,我们能凝聚团队的力量,出色地完成一个个任务,这是卓越的团队精神和聪慧的能力。

　　赵安逸:创新——打破常规、大胆创新是荷幼教师推动教育实践不断向前发展的重要力量。厚德——荷幼教师牢记"德行第一",以身作则为幼儿树立榜样。卓越——荷幼教师坚守平凡的岗位,坚持做平凡的事,就能把平凡变为不平凡。聪慧——荷幼为每位教师提供了展示才华的平台,能以个人的智慧推动集体的智慧,又用集体的智慧涵养个体的智慧。

　　丁依:用创新的思维去设计和实施课程,心胸宽广不计得失,做最优秀的教师,培养最聪慧的幼儿。

　　马宗玲:荷幼是一个友爱的大家庭,无论遇到什么问题,大家都群策群力,始终在一起。每一位荷幼人都心中有爱,始终向阳而生。荷幼人愿意给孩子所有的美好,陪伴孩子一起逐梦未来,奔赴星辰大海。

　　张雯:荷花池幼儿园的教师能始终保持自己创新的热情,不断对课程进行创新和优化;以德修身,以德育人,成为幼儿成长的引路人;在提升专业能力时追求卓越、勇攀高峰；用智慧、细心、理性去解读每一位孩子。

曹玲艳：荷幼文化像一缕春风，沐浴教师的心灵；像一股绳，拉近教师的距离；像一束阳光，照亮教师的前进方向。

余洁：用聪慧的心灵与头脑努力实践，成就卓越的自己，为孩子创造无限可能的同时也实现自己的人生价值。最终，让自己和孩子一同成为一个心胸广阔、道德高尚的人。

唐玉婧：我们要做有"无限可能"的教师，有勇于尝试的创新精神；心胸宽广不计较个人得失；不居于安逸，要勇攀高峰，追求更好的自己；不断学习、反思、学无止境。这样的教师才能给孩子带来更多的"可能"。

张奕蕾：创新——新颖的课程理念和创意的课程内容；厚德——高尚的师德、道德；卓越——成为优秀的幼儿园教师，在岗位上发光发热；聪慧——会思考、有睿智。

在荷幼教师的心中，"荷"文化是高雅、高洁、高尚的。"荷"文化倡导健康文明、昂扬向上、全员参与的氛围。在"厚德、聪慧、创新、卓越"的理念引领下，每一位教师都愿意为"荷"而来，为"荷"幸福，为"荷"共同前进。

二、梦想开始的地方

想要成为有幸福感的教师，就要热爱这份教育事业，愿意追逐梦想。荷花池畔是每一个荷幼人梦开始的地方，这里有许多追寻梦想的故事。

（一）春天的故事

我是一个喜欢音乐、喜爱歌唱的人。假如要用一首歌曲来表达我踏进荷花池幼儿园工作二十六年的感受，那《春天的故事》这首歌真是再合适不过了。这里有我追逐梦想的故事，也有我收获成果的喜悦。

1995年7月，我从南林师范学校毕业，来到了荷花池幼儿园。来之前，我就听说荷花池幼儿园是一所艺术特色的市级示范园，我很担心，我能不能胜任这里的工作，能不能跟上同事的工作步伐，能不能融入这个大家庭……工作的第一年，中班教研组的组长茅老师成了我的带教老师，她还是我的搭班老师，在她的帮助和指导下，我很快度过了新教师带班的适应期。

时间过得很快，在工作的十几年间，幼儿园创设了许多开放活动，其间，我得以不断积累教学经验，逐渐形成自己的歌唱教学特色。2012年我参加了黄浦区教学评比，取得了一等奖的好成绩，又代表黄浦区参加上海市第五届中青年教师教学评比，获得了一等奖。我的成长离不开荷花池幼儿园。

（童佳丽）

荷花池畔，是每一位荷幼人梦想开始的地方，对初心的坚守激励着每一位荷幼人，对梦想的追逐成就了每一位荷幼人。

不仅是童老师这样工作二十几年的资深教师从荷花池畔起步，新教师们也是怀着梦想来到荷花池畔。作为新教师，他们对梦想的追逐热切、充满希冀。

（二）我适合做幼儿园老师吗

从小学时代起，我就立志要做一名幼儿园教师。大学毕业后，我怀揣着梦想来到了荷花池幼儿园。工作的第一年，我班级里有4个比较特别的孩子，繁琐的工作、孩子们出格的行为、家长工作的复杂性和我的预想相差甚远，我一度怀疑自己："我真的适合做一名幼儿园教师吗？"

但我始终没有放弃自己的梦想和初心。在领导的帮助下，同伴的鼓励下，我慢慢地调整工作状态，逐一突破工作中的难点——面对孩子充满爱心，面对家长充满耐心，同时在专业成长上对自己严格要求。一年后，在大家的指导下，我参加黄浦区"萌芽杯"教学评比获得了一等奖的好成绩。从自我怀疑到坚定初心，是梦想带给我力量。相信在这个梦想开始的地方，我会走得更远，飞得更高。

（陆珺）

　　刚毕业的新教师怀着教育梦想来到荷幼，然而面对繁琐的工作，她产生了自我怀疑。在荷幼这个大家庭中，她坚定了初心，在这个梦想之地起航。

　　成功绝非偶然，它的背后有个人的不懈努力，更有荷幼团队力量、集体智慧的助推。荷幼以音乐教学活动参赛，连续七届荣获上海市中青年教师教学评选一等奖，这不是偶然和运气，这是荷幼几代人传承下来的梦想和不懈的努力。

三、遇见最好的自己

　　在荷幼，教师爱着幼儿园，幼儿园同样珍爱每一位教师。荷幼根据教师的能力、特长，为教师搭建学习和发展的平台，充分发挥教师们的专业特长，真正实现"术业有专攻"，让教师成就最好的自己，拥有职业幸福感。

工作并幸福着

迎着梦想

（一）"青青小荷"社群引领专业

"青青小荷"社群是荷幼引领青年教师专业成长的社群。青年教师组成不同的协作小组，园内的骨干教师、资深教师对社群内的青年教师就模拟课堂、集体活动设计等内容进行指导。"青青小荷"社群由园内的骨干教师、区学科带头人引领，采用模拟课堂、集体展示的形式进行研修，让青年教师在现场模拟中观摩、实践、提高，提升青年教师的教学水平。

在"青青小荷"社群中，青年教师通过开展模拟课堂、集体展示提升学科素养。同时，社群还邀请园内的三位上海市幼教名师做指导，青年教师每两周就能体验一次名师的模拟课堂教学活动。

经过一次次的"青青小荷"社群学习，青年教师的集体教学活动设计能力得到了飞速提升。茗茗是一位教龄才 1 年的新教师，她以"模拟课堂十分钟"的形式，演练自己的活动设计，最终在"萌芽杯"教学评比中获得了一等奖。

（童佳丽）

要提升教师的集体教学活动设计能力，光纸上谈兵是没有效果的，因此"青青小荷"社群以三位名师的模拟课堂为跟踪案例，开展系列研讨活动，研修过程中还采用"模拟课堂十分钟"的形式，以点带面，让青年教师分组演练自己的活动设计。在追寻梦想的旅途上，幼儿园和教师正在双向努力，共同成就。

（二）"小荷社团"社群激发潜能

"小荷社团"社群区别于以往以教研组、项目组为单位的教师团体，而是教师们依据不同特长、不同艺术领域，自发集结形成的各个小社团。这种形式突破传统，教师自由、自主地在小社团中进行多维度融合式研修。

在美术类小社团展示周中，"小不点玩泥巴"小社团和"想画就画"小社团联合策划了"我爱吃蔬菜"主题展，展示作品有孩子们用黏土、装饰材料制作的各种"蔬菜精灵"，还有"蔬菜变变变"的创意画等。美术类小社团的老师们就这次主题展，围绕幼儿的创造性艺术表现进行了现场研讨。笑笑老师提出："我一直有个疑问，创造性艺术表现要不要关注作品的美感呢？这几个蔬菜精灵，很有趣，很有创意，但是无论色彩还是造型，都觉得美感不够。"而鲍老师和布布老师，小社团的资深指导老师，他们觉得幼儿创造性的表达过程更重要。

两种观点似乎都有道理。老师们争论不下，他们将目光投向了我。我没有急于表达意见，而是建议："如果双休日有空，我们一起去浦东美术馆吧。看看我们是不是能在美术馆里找到答案？"

周末，这一群喜欢艺术的老师们如约来到浦东美术馆，观赏"远行与归来——蔡国强的'烟火气'艺术展"。拾级而上，首先映入眼帘的就是洒满彩色粉末的白色故宫模型，旁边的大屏幕上循环播放着艺术家创作的过程和他的想法。这让老师们豁然开朗。小马老师说："艺术是需要聆听作者的内心的，没有自由，就没有艺术。"这话得到了大家的认同。艺术家的作品看似"奇形怪状"，背后是他们对生活和周围世界的独特理解，他们尝试用各种不同的艺术表现方式创作，这和幼儿园里孩子们的创作是多么相似！因敏锐的感知进而呈现独特的、创意的、自由的表达，这才应该是真正的儿童的艺术。

新的一周，我把美术类小社团的老师们都约到了"神奇回收站"小社团。孩子们三五成群，有的想造一个太空基地，有的在制作太空汽车……笑笑老师说："孩子们也太有想象力了吧！他们用各种大小纸盒堆叠起了'基地发射器'，还和我说这个'发射器'能红外线探测，能发射炮弹。"春雨老师说："孩子们还说太空汽车顶上有个小门，宇航员可以进出。如果有敌人入侵，太空汽车还可以迅速起飞。你们看，这下面还藏着'起飞发射器'。"我说："那你们觉得这些作品美吗？"老师们笑了起来："可能只用美来评价孩子的艺术是不够的。"

艺术能调动孩子感受与创造美的能力。尽管孩子创造的美可能是稚嫩的、笨拙的、质朴的，但我们依然需要呵护这种感受与创造美的能力，并挖掘创作背后的过程。

老师们最后达成共识："每一个孩子都是天生的艺术家，教师不要错过来自孩子内心的创作独白，那些看不懂的、觉得奇怪的、被我们忽视的创作过程，都是属于幼儿的独特故事。"我们不仅要关注孩子的作品，更要关注孩子生动的创作过程，通过反思性和创造性的活动支持，不断扩展孩子的艺术思维和艺术表达方式。

老师们开始主动调整自己看待孩子作品的视角，有意识地去了解那些"无厘头的涂鸦"背后的故事，更努力引导孩子讲述自己的创作过程。那些"看不懂""奇形怪状""乱七八糟"的作品站到台前，成为一个个小艺术家的骄傲，也成为教师理解孩子的"解码器"。

（李文娟）

在"小荷社团"社群研修的过程中，走进美术馆研讨只是一个缩影，自由的组合方式、自由的研讨时间、自由的活动场所，让教师们从更多的角度复盘幼儿艺术教育的专业问题、研讨幼儿艺术活动中的难点。这些宝贵的自由研讨经历，能让教师重新审视和了解幼儿的学习过程，收获专业成长。

（三）教研实践社群共享智慧

荷幼的教研实践社群除了小班、中班、大班常规教研组外，还有生活、学习、运动、游戏四大板块的实践研修社群，以及环境组、安全组等实践研修社群。在这些社群中，采用"共享智慧"的研修方式，同伴互助、有效互动、共享智慧、深入学习，调动教师参与教研的积极性，提升教师的专业素养。

教研实践社群根据教研的具体内容，请组内教师轮流做教研实践社群的主持人，有效发挥教师的主体作用，充分调动组内教师的积极性，切实达到同伴互助的效果。

在小班组的教研实践中，为了充分发挥教师的积极性和参与性，教研组长余老师在学期初就向大家说明了活动的新形式——大家轮流做教研活动主持人。听到这个消息，老师们议论纷纷："轮流做主持人，我怎么能行？""我也肯定不行！"余老师安慰大家："没关系的，每个人都会有第一次的。我会帮助大家，每一次都会和你们一起组织的。"听到这里，老师们放心了。

轮到我第一次主持教研活动时，我脑中一片空白："要怎么开始？需要做哪些准备呢？"余老师看到我很焦虑，就不厌其烦地指导我。在余老师的帮助下，我通过查找资料、请教前辈，将教研活动中需要的理论和实践进行梳理，做成课件，并将教研主题在社群内做了预告。

教研活动当天，我忐忑不安，用紧张又稚嫩的声音主持活动，看到其他老师肯定的眼神时，我才慢慢放松下来，重新找回自信。活动结束，我收获了老师们的阵阵掌声。

原来，我也可以！从此我的心中多了一份自信。相信其他很多老师在教研实践活动中有着和我一样的经历和感受，也能和我一样收获成长。

（曹玲艳）

　　教研实践社群的活动鼓励每一位教师当一次主持人，让教师充分发挥教育智慧并意识到自己的主人翁地位。在共享智慧的过程中，教师能接触、学习到更多的专业技能，如组织能力、协调能力、沟通能力等，获得更好的成长。

　　荷幼的教研组、社群教研实践联动模式，让教师开阔了眼界，同伴间取长补短，专业能力得到快速提升。教师们在幼儿园搭建的社群研修平台上努力锤炼自己，遇见更美好的自己。

幸福是一种双向奔赴

　　幸福是一种双向奔赴，也只有双向奔赴，所有的一切才有意义。在荷花池畔，每一位教师都愿意和同伴一起，和幼儿一起，和家长一起，不断跨越，奔赴幸福和美好。

静待花开

"一枝独秀不是春，百花齐放春满园。"荷幼人在成就自己的同时，也在成就身边的人！荷花池里还会有更多绽放生命色彩的故事……

后　记

　　每天走进幼儿园，首先映入眼帘的就是那一汪充满着生机与活力的荷花池，耳边伴随着"莲池清清碧水透，绿树辉映笑声留"的稚气童声。孩子们三三两两和老师们围坐在荷花池畔，一边闲聊打趣，一边赏花戏鱼，温暖的阳光透过树梢恣意地洒在孩子们的身上，是如此自在而美好。门厅里、操场上、楼梯口、走道间，不时传来一阵阵欢歌笑语，伴随着一个个悦动快乐的身影。荷花池啊，孕育着生命的色彩！

　　春花秋月间，荷花池幼儿园已经走过了 64 个春秋，我担任荷花池幼儿园园长也已经 18 年了。本书所呈现的就是我和同仁们以幼儿园艺术教育为载体，在理论和实践层面持续探索的心路历程。艺术在幼儿生命成长中具有独特的价值。我们通过实施"小社团和大艺术"的低结构活动，形成了"幼儿园—家庭—社区"协同育人的教育路径，拓展了艺术活动的场域，构建了支持幼儿审美提升、天性释放、全面发展的艺术教育实践新范式，主动回应并破解了"育人功能被窄化、以结果为导向"的艺术教育瓶颈问题。我们对"儿童是天生的艺术家"的理解与诠释愈发清晰，努力追求"视界，我与孩子共可能"的教育境界。今天，我们在每个孩子心中播撒艺术的种子，未来，将使幼儿收获对生活、对艺术的热爱。在此书出版之际又传来喜讯，我园的探索实践阶段成果获得了 2022 年上海市基础教育优秀教学成果奖特等奖，这无疑是对我们工作的极大肯定与鼓励！

　　衷心感谢夏秀蓉、尹后庆等领导的指导与关心，感谢上海教育丛书编委会给予的信任，感谢吴国平、周洪飞等老师对书稿提出许多专业指导意见，为我们打开了崭新的视角！感谢市、区各级领导与专家多年来对荷花池幼儿园发展的关心和扶持!

　　此书的完成,是荷花池幼儿园全体教师的智慧凝练。这里有一支厚德、聪慧、创新、卓越的团队,他们严谨、扎实、敬业,充满激情,这支团队是荷花池幼儿园社会声誉和文化底蕴的有力保障。本书编写过程中,李文娟、余晓琦、谢雨卉、徐嘉、赵妍、童佳丽、余洁、严华英、曹玲艳、丁依等老师参与了书稿编撰和案例整理工作,在此特别感谢他们倾心的付出和专业的智慧。期望本书的出版,能吸引更多的同行者加入我们,支持我们,共同迎接未来的挑战。本书中如有疏漏不妥之处,敬请各位读者指正。

　　池水清浅,碧波微澜,一朵朵小荷,含苞待放。"荷"的高洁、优雅、坚贞,一直贯穿荷花池幼儿园的发展进程。我们将始终坚守教育初心,悉心培育每一朵小荷,让其迸发出独特的生命色彩。

2022 年 10 月